KB210704

존 비비어의
광야에서

God, Where Are You?!

존비비어의 광야에서

지은이 | 존 비비어
옮긴이 | 정성묵
초판 발행 | 2019. 2. 22
9쇄 발행 | 2023. 11. 9
등록번호 | 제1988-000080호
등록된 곳 | 서울특별시 용산구 서빙고로65길
발행처 | 사단법인 두란노서원
영업부 | 2078-3333 FAX | 080-749-3705
출판부 | 2078-3332

책값은 뒤표지에 있습니다.
ISBN 978-89-531-3406-5 03230

독자의 의견을 기다립니다.
tpress@duranno.com www.duranno.com

두란노서원은 바울 사도가 3차 전도 여행 때 에베소에서 성령 받은 제자들을 따로 세워 하나님의 말씀으로 양육하던 장소입니다. 사도행전 19장 8－20절의 정신에 따라 첫째 목회자를 돕는 사역과 평신도를 훈련시키는 사역, 둘째 세계선교TIM와 문서선교단행본·잡지 사역, 셋째 예수문화 및 경배와 찬양 사역, 그리고 가정·상담 사역 등을 감당하고 있습니다. 1980년 12월 22일에 창립된 두란노서원은 주님 오실 때까지 이 사역들을 계속할 것입니다.

존 비비어의
광야에서

존 비비어 지음
정성묵 옮김

두란노

아마존 독자평

내 삶의 위대한 약속이 이루어질 것을 믿는다. 하지만 나는 늘 기다림과 싸워야 한다. 고난 가운데 기다림은 결코 즐겁지 않다. 저자는 어떻게 하면 하나님의 약속에 초점을 두고 인내하며 성장할 수 있는지 알려 준다. 저자의 글은 나를 지도해 준다. _C Kendon

우리는 모두 인생에서 절망 가득한 시기를 경험한다. 이때 우리의 반응은 두 가지다. "하나님, 그럼에도 불구하고 주님을 찬양합니다." 또 다른 하나는 "하나님 도대체 어디 계시나요?"이다. 저자는 하나님을 바라보는 방법을 알려 준다. 시험에서 인도해 달라는 간청 대신에 시험이 주어지는 진정한 목적과 그 속에서 얻는 지혜와 능력을 선사한다. 지금 광야를 걷고 있는 사람, 혹은 아직 광야를 걷지 않았지만 언젠가 걷게 될 사람이라면 누구나 읽어야 한다. 광야를 걸으며 하나님이 주신 아름다움과 더불어 우리 영혼을 살리시는 주님과 동행하는 법을 배우게 될 것이다. _Chritian Mayfield

이 책은 하나님이 멀게만 느껴지는 힘든 시기에 읽기 좋은 책이다. 실제적인 통찰을 제시하여 우리의 광야를 감당할 힘을 준다. 저자는 이 책에서 그리스도와 함께하는 광야가 얼마나 특별한지 알려 준다. 하나님 임재에 초점을 맞추고 위에 있는 것을 향해 달려갈 경주를 지속하도록 독려한다. 이 책이 다른 독자들에게도 축복이 되고 위로가 될 것을 확신한다. _Jessica

저자의 개인적인 이야기를 곁들여 광야가 어떤 곳이며, 그곳에서 무엇을 겪게 되는지, 또 어떻게 극복할 수 있는지 확실히 알려 준다. 큰 위로가 되는 책임에 틀림이 없다! 하나님과 동행하는 광야의 향방을 일러 줄 지도와 같은 책이다. _MaryJo Peterson Castro

허리케인이 플로리다를 휩쓸었을 때에 이 책을 선물받았다. 이웃 사람들은 도대체 하나님은 어디 계시며, 누구 편이신지 부르짖었다. 하나님은 바로 그곳에서 우리의 필요를 채우시고 울부짖음을 듣고 계셨다. 하나님과 함께라면 우리는 두려울 것이 없다. 그분의 약속을 굳게 붙들어야 한다. 적절한 때에 만난 이 책이 참으로 고맙다!
_Tundra Tom

저자는 하나님께로부터 외면받고, 버림받은 것 같던 순간으로 독자들을 이끈다. 하나님이 말씀하시는 성경 속 거룩함과 외로움과 의심을 짚어 주며 자신이 사역을 하며 겪은 이야기를 풀어 놓는다. 지금 당신이 있는 자리와 비전에 의구심이 든다면 이 책을 펼쳐 보길 권한다. _Luke Hursh

저자의 애독자로서 이번 책을 기대했다. 나도 걷게 될 광야를 어떻게 지나야 할지 치열하게 고민하게 되었다. 저자의 개인적인 고백들은 진심이 느껴지며, 하나님의 의중을 깨닫게 도와준다. 광야의 목적을 분명하게 이해하고, "하나님 도대체 어디 계세요?"라는 물음에 해답을 준다. _Jane Whittaker

Contents

PART 2 광야가 내 인생에 꼭 필요하다고?

PART 3 광야에 길을, 사막에 강을 내시다

PART 4 역경을 축복으로 바꾸는 광야 수업

PART
5

광야 너머의 '약속의 땅'을 바라라

나 여호와가
시온의 모든 황폐한 곳들을 위로하여
그 사막을 에덴 같게
그 광야를 여호와의 동산 같게 하였나니
그 가운데에 기뻐함과 즐거워함과
감사함과 창화하는 소리가 있으리라
- 이사야 51장 3절

광야의 바른 의미를 알았다면
그토록 절망하지 않았을 텐데

나는 이사야를 무척 좋아한다. 이사야는 내가 가장 좋아하는 구약의 선지자다. 이사야 51장 3절에서 이사야는 하나님이 우리의 메마른 광야를 생명의 정원으로 바꾸어 주기를 원하신다는 점을 비유적으로 보여 주고 있다. 이사야의 말씀들은 사막의 건조한 땅이 우리를 새롭게 변화시키기 위한 촉매제라는 점을 보여 준다. 옛 것을 모두 걷어내면 장차 나타날 것에 대한 계시가 나타난다. 하늘 아버지는 우리를 약속의 땅으로 데려가기 위해 이 준비의 시기를 통과하게 하신다.

낙심의 모래바람이 집어삼킬 듯 몰아치는 실망의 광야들을 남편이 터벅터벅 걷는 동안 나는 내내 그의 곁을 지켰다. 나는 남편이 머리를 쥐어짜며 "하나님, 도대체 어디 계십니까?"라고 울부짖는 모습을 바로 곁에서 지켜보았다. 우리 부부는 도대체 무엇이 잘못되었는지 고민하느라 자정을 넘기기 일쑤였다. 우리가 뭔가 단단히 잘못한 것일까?

매일 새벽동이 트기도 전에 남편은 이 질문에 대한 답을 듣기 위해 밖으로 나갔다. 오늘만큼은 눈앞이 환해지고 삶의 전경이 바뀌리라는 희망을 마음에 품고 나갔다. 나는 남편이 돌아올 때까지 애간장을 끓이며 기다렸다. 남편이 돌아올 때쯤이면 우리 아이들이 기지개를 폈다.

"하나님이 무슨 말씀이라도 하시던가요?" 내가 나지막이 속삭이면 남편은 침통한 표정으로 고개를 저었다. 그때마다 깊은 슬픔이 내 가슴을 가득 채우며 작은 희망의 불씨를 다시 꺼뜨렸다.

우리가 환청을 들은 것일까? 우리가 정말 하나님 음성을 듣기는 한 것일까? 그것이 하나님의 음성이었다면 어떻게 우리가 이런 상황에 처할 수 있는가? 하나님이 우리를 이곳으로 이끄셨다면 이 황폐한 광야의 한복판에서 왜 그토록 침묵하시는 것일까?

그렇다. 나는 광야에서 투덜거렸다. 지금 내가 알고 있는 것을 그때 알았다면 얼마나 좋았을까? 그랬다면 가벼운 마음과 믿음 충만한 발걸음으로 그 시기를 지났을 것이다. 내가 정련되고 준비되는 중이었다는 사실을 알았다면 그토록 절망하지는 않았을 것이다.

그런 의미에서 이 책은 정말 좋은 안내서요, 여러 모로 귀한 선물이라는 생각이 든다. 이 시기의 교훈들을 받아들인다면 다음 여행에 큰 도움이 될 것이다.

용기를 내라. 당신은 혼자가 아니다.

_ 리사 비비어(Lisa Bevere)

범사에 기한이 있고
천하만사가
다 때가 있나니
- 전도서 3장 1절

과거의 나처럼 아무것도 모른 체 헤매지 않기를

나의 광야 여행이 끝났기 때문에 이 책을 쓴 것은 아니다. 여전히 나는 아직 목적지에 '도착하지' 못했고 하나님이 나를 위해 예비하신 것을 모두 얻지도 못했다. 하지만 당신이 이 책을 통해 하나님이 예비하신 운명을 향해 꿋꿋이 나아갈 힘과 용기를 얻기를 간절히 원한다.

이 책이 광야에 대한 모든 것을 망라한 완벽한 도서라고 주장할 생각은 추호도 없다. 미처 다루지 못한 내용이 너무도 많기 때문이다. 하지만 이 책은 나의 진심을 다하여 쓴 책이며, 광야의 중요한 측면들을 다루고 있다. 이 책에서 나는 무엇이 광야이고 무엇이 광야가 아닌지, 그리고 광야의 목적과 유익이 무엇인지를 다룰 것이다. 아무쪼록 이 책의 사례와 비유, 설명을 통해 당신이 광야를 지혜롭게 통과하는 법을 알게 되기를 원한다.

읽다 보면 내 개인적인 사례 대부분이 내가 목회자로서 처음 맡은 두 역할과 관련된 것임을 알게 될 것이다. 첫 번째 역할은 텍사스 주 댈러스에서 4년 반 동안 담임목사와 성도들을 섬긴 것이었다. 내 광야는 이 사역의 마지막 18개월 동안 지속되었다. 두 번째 광야는 플로리다 주의 한 교회에서 중고등부 전도사로 섬기던 2년 반의 기간이었다. 이 시기에 겪은 광야에 비하면 댈러스에서의 첫 번째 광야는 소풍이나 다름없었다.

내가 이 외에 다른 광야들도 경험했을까? 물론이다. 하지만 다른 광야에 도착할 때 즈음 나는 광야가 무엇을 의미하는지 이미 깊이 이해한 상태였다. 그래서 예전처럼 "하나님, 도대체 어떻게 된 일입니까?" 혹은 "하나님, 도대체 어디에 계십니까?"라며 징징거리지 않았다. 이전의 광야들을 통해 광야에서 어떤 일이 벌어지고 있는 것이며 무엇이 적절한 반응인지를 충분히 배운 상태였다.

나는 광야의 한복판에 있는 수많은 사람들과 이야기를 나누었다. 대개는 혼란과 좌절의 하소연을 듣게 된다. 너무도 많은 사람이 무슨 상황인지 갈피를 잡지 못해 혼란스러워 하고 있다. 사실, 최근 아내와 함께 이 주제에 관한 두 번의 팟캐스트 방송을 진행했는데 그렇게 열광적인 반응을 얻기는 처음이었다.

성경은 "범사에 기한이 있고 천하만사가 다 때가 있나니"라고 말한다(전 3:1). 우리 삶에는 시기들이 있다. 올바로 행동하려면 시기의 목적을 이해해야만 한다. 방한복에 스노보드 장비를 챙겨서 산꼭대기에 올랐는데 리프트에서 내리면서 앞으로 고꾸라지면 얼마나 우습겠는가. 왜 넘어졌을까? 여름이라서 바닥에 눈이 없기 때문이다. 이 사람의 행동은 겨울에는 유익하지만 현재 시기에는 해롭다.

이 책에서 내 목적은 당신이 이 중요한 광야의 시기를 가지치기와 단련으로 이해하도록 돕는 것이다. 이 시기의 목적은 바로 '준비'다. 읽어 보면 곧 알겠지만 이 책은 목회와 관련된 이야기를 많이 하고 있다. 우리 모두는 부름을 받았다. 어떤 이들은 시장으로, 어떤 이들은 교육자로, 어떤 이들은 의료인으로, 어떤 이들은 정치인으로 부름을 받았다. 내 소명은 다섯 가지 영역으로 이루어진 목회다. 그래서 내 이야기들에는 이런 소명이 반영되어 있다. 하지만 하나님이 당신을 어떤 영역으로 부르셨건 이 책의 기본 원칙들은 똑같이 적용된다. 시장에서 일하는 사람들도 복음을 전하는 목회자들만큼이나 소명을 준비하는 시간을 필요로 한다.

또 한 가지, 이 책에 '광야에서 살아남기 위한 생존 팁'이라는 제목의 내용들을 포함시켰다. 이것들은 본문과는 별도로 당신의 광야 시기를 최대한 생산적으로 만들어 주기 위한 짧은 통찰과 격려의 말들이다. 이 책을 통해 당신이 광야의 의미를 분명히 알아 과거의 나처럼 아무것도 모른 체 헤매지 않고 참된 만족을 주시는 유일한 분을 끝까지 힘차게 추구하게 되기를 간절히 소원한다.

Part 1

하나님, 어디 계십니까

그런데 내가 앞으로 가도 그가 아니 계시고
뒤로 가도 보이지 아니하며 그가 왼쪽에서 일하시나
내가 만날 수 없고 그가 오른쪽으로 돌이키시나
뵈올 수 없구나
- 욥기 23장 8-9절

메마름과 황폐함을 평온하게 견뎌내는 것은
곧 하나님을 향한 우리의 사랑을 증거하는 것이다.
반면, 하나님이 달콤한 임재로 우리를 방문해 주시는 것은
곧 우리를 향한 그분의 사랑을 증거하는 것이다.
- 잔느 귀용(Madame Guyon)

Chapter 1

메마른 삶의 한복판

하나님이 나를 잊어버리신 것 같다

나는 눈앞에 있는 모든 사람에게 화를 냈다. 그 이유는 나도 정확히 몰랐다. 그냥 모든 것이 마음에 들지 않았다. 당시 겨우 생후 18개월밖에 되지 않은 아들 애디슨(Addison)에게도 마구 신경질을 부렸다. 아내에게 소리를 질렀다. 우리 교회 목사에게 실망했다. 함께 일하는 사람들에게 화가 났다. 그때의 나는 하나님께도 실망했다. 내 입에서 하나님에 대한 볼멘소리가 터져 나왔다.

"도대체 뭘 하고 계십니까?"

"왜 제 삶 속에서 역사하시지 않습니까?"

"제게 해 주신 약속은 도대체 언제 이루어 주실 겁니까?"

"왜 제 삶이 이런 모습입니까?"

"왜 아무런 말씀이 없으십니까?"

틈만 나면 "하나님, 도대체 어디에 계십니까?"라고 울부짖었다.

나지막이 부르기만 해도 '바로 옆에서' '당장' 음성이 들려올 것처럼 하나님이 가깝게 느껴진 적이 있는가? 그런데 갑자기, 긴급 메시지를 보내도 아무런 응답을 받지 못할 수도 있다. 그때 우리는 하나님이 내 삶에서 완전히 떠나가신 것처럼 느낄 것이다. 혹시 지금 이런 상황에 처해서 과거의 나처럼 적막한 허공을 향해 "하나님, 도대체 어디에 계십니까?"라고 외치고 있는가?

그 당시의 나는 광야에 있었지만 그것을 알지 못했다. 나는 광야가 아닌 텍사스 주 댈러스에 살고 있었기 때문이다. 나는 예수님의 착한 제자인데, 갑자기 하나님이 나를 잊어버리셨다고 생각했다. 내 기억으로는 그것이 내가 처음 광야를 제대로 지날 때였다.

그 전까지만 해도 하나님은 나의 작은 신음 소리에도 지체 없이 응답해 주셨다. 지극히 사소한 요청에도 즉각적인 반응을 보여 주셨다. 내 삶 속에서 하나님의 임재는 더없이 가깝고 분명하고 강했다. 그런데 갑자기 무슨 상황인지 영문을 알 수 없었다. 혼란 가운데 나는 매일같이 무릎을 꿇고 부르짖었다. "하나님, 도대체 무슨 일입니까? 갑자기 당신이 한없이 멀게 느껴집니다."

계속해서 내 삶을 살피며 물었다. "제가 어떤 끔찍한 죄를 저질렀나요?" 물론 세상 모든 사람들처럼 나도 자주 죄를 지었다. 하지만 분명 나는 죄를 짓고 회개하고 예수님께 용서를 구했다. 내가 알기로 내 삶 속에 고의적이고 만성적인 죄는 없었다.

"하나님, 갑자기 왜 아무런 말씀이 없으십니까?" 날마다 메마른 삶의 한복판에서 그렇게 물었다. 내가 비록 성경 인물들의 발끝에도 미치지 못하지만 그들의 반응도 내 반응과 크게 다르지 않았다. 예전에는 이해할 수 없던 욥의 말이 완벽히 이해가 갔다. 특히 다음 구절은 광야에 버려진 것 같은 마음을 잘 표현하고 있다.

> 그런데 내가 앞으로 가도 그가 아니 계시고 뒤로 가도 보이지 아니하며 그가 왼쪽에서 일하시나 내가 만날 수 없고 그가 오른쪽으로 돌이키시나 뵈올 수 없구나(욥 23:8-9).

계속해서 기도하고 또 기도했지만 하늘은 나에게 아무런 관심이 없어 보였다. 그러던 어느 날 하나님은 그리스도인의 삶이 자라나는 아이의 삶과 꽤 비슷하다는 점을 보여 주셨다. 그렇다. 그때 나는 영적 유아였다가 새로운 단계로 이동하는 중이었다. 당시 내 앞에는 훌륭한 자연적 견본이 있었다. 그것은 바로 생후 18개월 된 아들 애디슨이었다. 아내는 훌륭한 어머니였기 때문에 아들이 징징거리면 당장 달려가 돌보아 주었다. 순식간에 아들은 어머니의 품에 안겨 젖을 먹으며 세상 부러울 것 없는 편안함을 누렸다.

하지만 모든 아이가 그렇듯 애디슨은 점점 성숙해야만 했다. 우리 집의 모든 사내아이들(총 4명)에게는 스스로 밥을 먹어야 할 때가 왔다. 그런데 녀석들이 처음 스스로 밥을 먹을 때의 난장판이란! 음식의 반은 입으로 들어가고 반은 사방팔방으로 튀었다.

그때 아이들은 왜 예전처럼 먹여 주지 않느냐고 짜증을 부린다. 하지만 부모는 책임감 있는 부모의 역할을 하고 있을 뿐이다. 우리 아이들이 음식을 사방에 날릴 때 솔직히 당장 달려가서 떠먹여 주고 싶다. 하지만 그것은 녀석들의 성장을 방해하는 것이기에 그럴 수 없었다. 우리는 아이들이 성장할 상황을 만들어 주고 있는 것이다. 아이들이 열여덟 살이 되도록 우리가 밥을 떠먹여 줄 수는 없지 않은가.

아이들이 자랄수록 그에 맞게 성장할 수 있도록 도움의 수준을 차츰 줄여야 한다. 하나님도 우리가 영적으로 성숙해가도록 비슷한 방법을 사용하신다. 처음 거듭나고 성령 충만해지면 한동안 하나님은 우리가 부를 때마다 나타나신다. 하지만 시간이 지나 우리가 젖먹이 수준에서 벗어나면(히 5:12) 하나님은 우리를 계속 성장시키기 위해 모든 부름에 즉각 응답하시지 않는 시기를 허락하신다.

하나님은 영적 성장이 아이에서 어른이 되는 모든 사람의 발달 과정과 비슷하다는 점을 깨닫게 하셨다. 그제야 나의 질문이 달라졌다. "내가 잘못 생각했던 것은 아닐까? 이 상황이 하나님의 형벌이 아닌 것이 아닐까? 내가 뭔가를 배우기 위해 광야로 안내된 것은 아닐까? 예수님을 더 잘 따르고 섬기는 사람으로 성장하기 위해 광야를 걷고 있는 것은 아닐까?"

그러다 문득, 예수님도 '똑같은' 일을 겪으셨다는 것을 깨달았다. 예수님은 요한에게 세례를 받고 아버지께 인정을 받고 나서 거의 곧바로 성령에 이끌리어 광야로 가셨다. 당연히 예수님은 벌을 받으신 것이 아니었다. 예수님은 그 어떤 죄를 지으신 적이 없으시다. 오랜 분노와 신세한탄의 끝에 마침내 내 머릿속에서 형광등이 번쩍했다. '어쩌면 이 광야는 내가 생각하는 것만큼 나쁜 것이 아닐지 몰라.'

광야는
——— 하나님의 훈련 장소다

예수님처럼 되려면 인격이 성장해야만 한다. 바로 광야가 그런 성장을 위한 하나님의 훈련 장소다. 광야에 들어가면 하나님이 한없이 멀게 느껴지고 그분의 약속이 공허해 보인다. 하지만 그것은 우리의 느낌일 뿐 실상은 그렇지 않다. 하나님은 언제나 우리의 지척에 계신다. 우리를 떠나지도 버리지도 않겠다고 약속하셨기 때문이다(히 13:5).

광야는 모든 것이 우리의 꿈과 반대 방향으로 향하는 것처럼 보이는 곳이다. 광야에서는 하나님이 우리에게 주셨다고 확신했던 약속이 점점 더 멀어져만 가는 것처럼 느껴진다. 광야에서는 아무런 영적 성장과 발전이 느껴지지 않는다.

오히려 후퇴하고 있는 것만 같은 기분이다. 하나님의 임재가 커지기는커녕 줄어드는 듯하다. 심지어 하나님께 사랑을 받지 못하고 무시당하는 기분이다. 하지만 실상은 전혀 그렇지 않다.

사실, 광야는 신실한 그리스도인들의 공통된 기착지다. 유독 나만 그곳에 들어간 것처럼 느껴지지만 전혀 그렇지 않다. 광야는 하나님의 모든 자녀에게 꼭 필요한 기착지다. 예수님의 제자로서 건강한 성숙을 이루려면 광야를 한 번이 아닌 여러 번 통과해야 할 수도 있다.

당신 앞에 지도를 펴서 이 메마른 땅을 빨리 통과할 지름길이나 우회로를 보여 줄 수 있으면 좋겠지만 애석하게도 그런 것은 없다. 그런데 이는 나쁜 일이 아니라 오히려 좋은 일이다. 약속의 땅에 이르려면 반드시 광야를 통과해야 하기 때문이다. 이 메마른 시기를 받아들이는 자만이 약속의 땅에 들어갈 수 있다.

성령의 새로운 역사가 시작되다

다행히 우리는 물도 쉴 곳도 찾기 힘든 진짜 광야에서 살 필요가 없다. 그곳의 낮은 살이 탈 정도로 뜨겁고 밤에는 뼛속까지 시리다. 홀로 갈증이나 굶주림과 사투를 벌여야 한다. 게다가 어디가 어디인지, 어디로 빠져나가야 하는지 전혀 알 수가 없다.

대부분의 사람은 이런 진짜 광야에 가본 적이 없지만 우리 모두는 '감정'의 광야를 헤맨 적이 있다. 이 책에서 나의 중요한 광야 경험들을 나누고자 한다. 광야를 수없이 다녀왔는데 소풍 같았던 적은 단 한 번도 없다.

좋은 소식은 하나님께 순종할 마음만 있으면 광야가 전혀 나쁘지 않다는 것이다. 비상식적인 말처럼 들리겠지만 광야의 목적은 아주 좋은 것이다. 바로 성령의 새로운 역사를 위해 우리를 훈련시키고 정화시키고 강화시키고 준비시키기 위함이다. 광야를 잘 통과하면 우리는 훨씬 더 많은 열매를 거둘 수 있다.

이것을 잘 모르고서 광야에 들어가 공포에 떨고 지혜롭지 못하게 처신하는 사람이 너무도 많다. 그들은 광야의 의미를 알지 못하고 엉뚱한 것을 찾고 행한다.

일례로, 직장이나 교회를 이곳저곳으로 옮겨 다닌다. 행복을 가져오거나 삶을 회복시켜 줄 것만 같으면 쉽게 변화를 추구한다. 미혼 남녀의 경우, 고통스러운 이별의 상처가 낫기도 전에 섣불리 새로운 만남 속으로 뛰어든다.

하나님이 메마른 상황을 허락하신 이유를 이해하기도 전에 탈출구부터 찾으면 자신도 모르게 광야의 시간을 연장하는 결과를 낳는다. 하나님이 주신 시기나 장소를 이해하지 못하면 더 큰 고난과 좌절, 심지어 패배까지 찾아올 수 있다.

광야에서 40년을 헤맨 이스라엘 자손들이 그러했다. 자신들에게 닥친 상황을 제대로 이해하지 못한 바람에 한 세대 전체가 약속의 땅에 들어가지 못하는 불상사가 벌어졌다. 이 얼마나 비극인가! 하나님이 그들을 광야로 이끄신 목적은 그분이 약속하신 새 땅을 쟁취할

만큼 강한 용사로 훈련시키는 것이었다. 하지만 이스라엘 자손들은 광야를 형벌로 잘못 해석했다. 그로 인해 그들은 끊임없이 불평하고 투덜대고 그릇된 것들을 갈망했다.

이스라엘 자손들이 광야를 떠나 약속의 땅을 정복할 때가 오자 그곳을 정찰한 정탐꾼들이 돌아와 보고를 했다. 그런데 안타깝게도 이스라엘 자손들은 불평꾼들의 악한 보고에 귀를 기울였다. 하나님의 약속과 능력을 인간의 부족한 안목과 무능력 사이에서 갈등했다. 이 선택의 기로에서 그들은 하나님 대신 사람을 믿기로 선택했다. 그들은 불평꾼의 말에 넘어갔다. 하나님의 본성과 품성을 이해하지 못하고 악한 행동을 하고 말았다. 참다못한 하나님은 결국 "좋다, 너희 맘대로 해라"라고 말씀하셨다. 그 바람에 1년이면 충분한 광야 훈련이 평생 걸리고 말았다.

저런! 당신과 나는 이런 실수를 범하지 말아야 할 텐데! 그래서 사도 바울은 이들의 실수에서 배우라고 권고했다.

> 그들에게 일어난 이런 일은 본보기가 되고 또한 말세를 만난 우리를 깨우치기 위하여 기록되었느니라(고전 10:11).

앞으로 광야에 들어가면 새로운 성숙과 능력, 축복, 기회, 약속 완성의 '약속의 땅'에 들어온 줄 알고서 불평하지 말고 오히려 감사하라. 그러면 힘든 시기가 그렇게까지 힘들지는 않을 것이다. 그런 경험을 하고 나면 야고보의 다음 말에 고개를 끄덕이게 될 것이다.

> 너희가 여러 가지 시험을 당하거든 온전히 기쁘게 여기라 … 인내를 온전히 이루라 이는 너희로 온전하고 구비하여 조금도 부족함이 없게 하려 함이라(약 1:2, 4).

광야는 거부가 아닌 ——— 준비된 장소다

광야에 거하게 된 것이 내가 정말로 큰 실수를 했다는 뜻일까? 좋은 질문이다. 광야에 접어들면 "내가 무엇을 잘못했지? 내가 어쩌다 하나님을 이토록 화나게 했을까?"라고 묻게 되기 마련이다. 하지만 이것은 광야의 의미나 목적을 오해한 결과다. 성경과 역사 속의 많은 인물들은 광야에서 하나님이 주신 운명을 준비했다. 따라서 광야는 하나님의 거부가 아니라 준비의 장소다.

물론 우리의 나쁜 선택으로 메마른 땅에 이르는 경우도 분명 있다. 사실, 참 신앙인이라고 할지라도 여전히 죄를 짓고 실수를 한다. 따라서 한 번의 엄청난 실수 혹은 사소한 실수의 연속이 우리를 곤경에 빠뜨릴 수도 있다.

하지만 그런 경우에도 이것을 분명히 알아야 한다. 하나님은 용서하기를 즐기시는 분이며 우리의 약함을 이해하는 대제사장이시다. 따라서 자초한 곤경 혹은 광야에서 빠져나오기 위한 첫 단계는 사랑이 많으신 우리 아버지께로 가서 이렇게 말하는 것이다.

아버지, 제가 ______________ 의 죄를 지었습니다. 용서해 주십시오. 이 죄를 회개합니다. 이제 당신의 은혜로 이전과 다르게 살겠습니다.

죄로 인하여 인생의 메마른 광야를 걷게 되었다고 해도, 하나님 앞에서 다시 바로 서면 그분은 우리에게 가르치고자 하는 것을 가르쳐 주신 뒤 되도록 빨리 우리를 광야에서 벗어나게 하신다. 물론 타이밍은 전적으로 하나님께 달려 있다. 그래서 시편 기자는 "나의 앞날이 주의 손에 있사오니"라고 고백한다(시 31:15).

하지만 지금 당신이 광야에 있는 것은 십중팔구 하나님께서 당신이 그곳에 거하기를 원하시기 때문이다. 특별히 이런 고난을 받을 만한 죄를 저지른 적은 없는가? 그래서 고난이 더 힘들게 느껴지는가? 바로 이것이 내가 이 책을 쓴 주된 이유 중 하나다. 하나님이 광야를 어떻게 보시는지, 그리고 하나님이 그 광야를 통해 당신을 예수님처럼 성장시키기를 원하신다는 점을 당신이 꼭 이해했으면 한다.

분명히 이해해야 할 또 다른 점은 하나님이 당신을 사탄의 간계에 빠뜨린 채로 방치하기 위해 광야로 이끄신 것이 아니라는 점이다. 출애굽기에 나오는 이스라엘의 2대 자손들이 약속의 땅에 들어가기 전 하나님은 그들에게 이 점을 상기시키셨다.

네 하나님 여호와께서 이 사십 년 동안에 네게 광야 길을 걷게 하신 것을 기억하라 이는 너를 낮추시며 너를 시험하사 네 마음이 어떠한지 그 명령을 지키는지 지키지 않는지 알려 하심이라(신 8:2).

따라서 이스라엘 백성들이 자신들의 어리석음과 배은망덕과 반역 탓에 광야에 예정보다 훨씬 오래 머물게 된 것은 사실이지만 하나님은 그 경험을 아름답게 승화시키실 참이었다. 바로 이것이 하나님이 지금도 행하고 계신 일이다. 정말 감사하지 않은가?

오해하지 마라. 우리가 광야에 있다고 해서 우리 삶 속에서 하나님의 역사가 중단된 것이 아니다. 하나님은 우리의 손을 잡고 광야를 통과하고 계신다. 하나님 없이는 누구도 광야를 통과할 수 없다. 나아가, 광야는 하나님께 쓰임을 받기 전까지 선반 위에서 대기해 있는 기간이 아니다. 사랑이 많으신 우리 아버지는 그런 식으로 역사하시지 않는다. 오히려 광야는 하나님이 강하게 역사하시는 장소요 시기다.

"나무만 보고 숲은 보지 못한다." 다들 한 번쯤 들어본 표현일 것이다. 광야도 마찬가지다. 광야의 한복판에서는 하나님의 역사를 보기가 힘들다.

분명히 말하건대, 광야는 패배의 장소가 아니다. 적어도 하나님께 순종하는 자들에게는 그렇다. 굶주림으로 약해지고, 누구 하나 속을 털어 놓거나 격려해 줄 사람도 없고, 육체적 편안함이나 초자연적인 계시도 없이 예수님은 광야에서 40일 동안 사탄의 공격을 받으셨다. 그때 예수님은 하나님의 말씀으로 사탄을 물리치셨다! 그렇다. 하나님의 자녀들에게 광야는 패배의 장소가 아니다. "항상 우리를 그리스도 안에서 이기게 하시고"(고후 2:14).

이스라엘 백성들은 광야에서 머무는 동안 그 지역 나라들로부터 괴롭힘을 당했다. 이에 하나님은 이스라엘 백성들에게 반격을 명령하셨다. 그 결과, 이스라엘 백성들은 아모리(민 21:21-25), 미디안(민 31:1-11), 바산 족속(민 21:33-35)을 패배시켰다. 만약 하나님의 목적이 이스라엘 백성들을 패배시키는 것이었다면 그들의 나라를 지키라고 명령하시지 않았을 것이다. 광야는 패배의 시기로 마련된 것이 아니었지만 대부분의 이스라엘 백성들은 약속의 땅에 들어가지 못하고 세상을 떠났다. 이것은 하나님이 원하신 결과가 아니었다. 단지 그들의 불순종으로 인한 안타까운 결과였다.

광야 이면의 이유가 하나님의 미움이나 형벌이 아니라는 점을 가슴에 새기기를 바란다. 광야는 하나님이 우리를 버리고 잊어버리시는 곳이 아니다. 광야는 우리가 패해서 주저앉아야 할 곳이 아니다.

광야 한복판에서
——— 하나님 마음을 찾다

광야를 지나며 징조나 축복, 풍요, 기사를 찾아야 할 것이 아니라 하나님의 마음을 찾아야 한다. 그럴 때 우리 안에 인격과 강함이 형성된다. 광야는 하나님이 우리에게 주신 비전을 유지해야 할 시기다. 마음속의 약속을 분명히 바라보지 않고 환경을 바라볼 때 낙심되고 불평하게 되기 때문이다.

자신이 어떤 시기에 있는지를 알면 전체적인 상황이 눈에 들어온다. 그럴 때 비록 느껴지지 않아도 하나님의 손길을 느낄 수 있다. 광야는 우리의 질문이 "하나님이 나를 위해 무엇을 해 주실까?"에서 "하나님은 내가 어떻게 되길 바라시는가?"로 발전해야 할 시기다.

앞서 욥의 좌절감을 이야기했다. 그는 하나님이 행하고 계신 일을 이해할 수 없었다. 사방 어디를 봐도 하나님을 발견할 수 없었다. 만약 여기서 끝났다면 욥의 이야기는 정말 맥 빠지는 이야기일 것이다. 하지만 욥은 절망 가운데 머물지 않고 결국 다음과 같은 믿음과 소망의 고백을 했다.

> 그러나 내가 가는 길을 그가 아시나니 그가 나를 단련하신 후에는 내가 순금 같이 되어 나오리라(욥 23:10).

이 얼마나 놀라운 통찰인가! 우리는 하나님이 우리를 어디로 데려가고 계신지 알 수 없을지라도 하나님은 길을 아신다. 우리는 하나님을 전적으로 믿을 수 있다. 왜냐하면 바울의 말처럼 이루시기를 확신하기 때문이다.

너희 안에서 착한 일을 시작하신 이가 그리스도 예수의 날까지 이루실 줄을 우리는 확신하노라(빌 1:6).

우리는 광야의 한복판에서도 이 진리를 안다.

Survival TIP

광야에서 살아남기 위한 생존 팁 1

현재 내가 처한 상황을 이해하라

대부분의 사람들은 광야를 만나면 충격과 혼란에 휩싸인다. 하나님은 지극히 좋은 분이시고, 우리는 그분의 복과 임재, 약속에 익숙해져 있다. 그래서 우리는 좋은 시절이 끝나리라는 생각 자체를 하지 않는다. 그런데 어느 날 무엇인가 바뀐 것을 느낀다. 이때는 놀라지 말고 한걸음 뒤로 물러나 전체 상황을 보는 것이 매우 중요하다. 무슨 상황인지를 이해해야만 한다. 자신이 어떤 시기에 있는지를 이해하지 못하면 부적절하게 반응할 수밖에 없기 때문이다.

이것은 마치 포근한 남쪽 플로리다에서 북쪽 캐나다로 이사하는 것과 비슷하다. 겨울이 와서 온도가 영하로 내려가면 자신이 어디에 있는지를 알아야 한다. 그렇지 않으면 외투 없이 밖에 나가는 불상사가 발생한다.

광야도 마찬가지다. 현재 자신이 메마른 땅에 있다는 단서들을 눈여겨보지 않으면 큰 좌절을 경험하고 자칫 평생 후회할 실수를 저지를 수도 있다. 구약을 보면 잇사갈 자손들은 “시세를 알고 이스라엘이 마땅히 행할 것을 아는” 자들이었다(대상 12:32).

현재 자신이 광야를 지나고 있음을 이해하면 무엇을 해야 할지도 알 수 있다.

GOD, Where are you?!

Part 2

광야가 내 인생에
꼭 필요하다고?

예수께서 성령의 충만함을 입어
… 광야에서 사십 일 동안
성령에게 이끌리시며
-누가복음 4장 1절

그리스도인들은 역경의 풍랑을 맞아
더 아름답게 일어날 수 있다.
그들은 비바람이 거센
산마루에서 자라는 나무와도 같다.
그런 나무에서 우리는
가장 강한 목재를 얻을 수 있다.
- 빌리 그레이엄(Billy Graham)

Chapter 2

믿음의 동행자들

모두가 광야를 걸었고 경험했다

광야에 온 것을 환영한다! 환영이라니, 의외인가? 보통 우리는 영적 광야에서 시간을 보내는 것이 좋은 일이라고 생각하지 않는다. 하지만 사랑이 많으신 우리 아버지는 영적 광야를 중요하게 여기신다. 또한 우리에겐 좋은 동행자들이 있다. 우리는 이 사실을 알고 늘 기억해야 한다.

광야를 믿음의 여정에서 꼭 들르고 싶은 곳으로 여기지 않고 있는가? 그렇다면 당장 생각을 바꾸라! 광야에 들어가면 우리는 그곳에서 꽤 오랜 시간을 보낸 수많은 성도들, 심지어 하나님 아들인 예수님의 발자국까지 발견할 수 있다. 다시 말해, 광야에 들어가면 우리는 혼자가 아니라 좋은 동행자들과 함께 걷게 된다. 이제부터 내가 잘 아는 유명 인사들의 이름을 좀 들먹이려고 하니 양해를 부탁한다. 광야 거주자들의 면면은 실로 화려하기 짝이 없다.

광야를 걸었던
——— 믿음의 선배들

일단, 앞서 언급한 욥이 있다. 그는 성경에서 "동방 사람 중에 가장 훌륭한 자"라 부를 만큼 대단한 인물이었다(욥 1:3). 그런 그가 재물과 자식, 건강, 아내의 지지까지 모든 것을 잃어버렸다. 게다가, 티 없이 의롭게 살아왔음에도 절친한 친구들에게 남모를 죄가 있을지 모른다는 의심까지 받게 되었다. 욥은 광야에서 얼마나 낙담했던지 자신이 아예 태어나지 않았으면 좋을 뻔했다는 말까지 했다.

광야에서 우리는 우르의 갑부 아브라함이 하나님의 명령에 따라 편한 고향의 모든 것을 뒤로 한 채 새로운 약속의 땅으로 향한 여정을 따라간다. 사라는 남편과 나란히 걸었다. 이 부부의 여행은 대부분 광야에서 이루어졌다.

모세는 누구보다도 광야를 잘 알았다. 그는 바로의 궁전에서 왕자로 자랐지만 애굽 사람을 죽인 뒤에 광야로 도망을 쳤다. 그곳에서 40년간 양을 치던 중 불타는 떨기나무에 나타난 하나님을 보게 되었다.

> 모세가 그의 장인 미디안 제사장 이드로의 양 떼를 치더니 그 떼를 광야 서쪽으로 인도하여 하나님의 산 호렙에 이르매 여호와의 사자가 떨기나무 가운데로부터 나오는 불꽃 안에서 그에게 나타나시니라 그가 보니 떨기나무에 불이 붙었으나 그 떨기나무가 사라지지 아니하는지라 이에 모세가 이르되 내가 돌이켜 가서 이 큰 광경을 보리라 떨기나무가 어찌하여 타지 아니하는고 하니 그때에 여호와께서 그가 보려고 돌이켜 오는 것을 보신지라 하나님이 떨기나무 가운데서 그를 불러 이르시되 모세야 모세야 하시매 그가 이르되 내가 여기 있나이다(출 3:1-4).

알다시피 그 후에 모세는 애굽으로 돌아가 이스라엘 백성을 데리고 나와 '광야'로 이끌었다.

광야에서 우리는 요셉도 만나볼 수 있다. 요셉은 아버지의 사랑을 독차지했지만 형들에 의해 구덩이에 던져졌다가 노예로 팔려 애굽으로 끌려갔다. 그리고는 억울한 누명을 쓰고 감옥에 갇혔다. 바로의 지하 감옥에서 하나님은 요셉에게 자신을 나타내셨다. 덕분에 요셉은 떡 굽는 관원장과 술 맡은 관원장의 꿈을 해석해 줄 수 있었다. 그리고 그 일을 계기로 바로의 꿈까지 해석하게 되었다.

이번에 소개할 인물은 다윗 왕이다. 사무엘은 다윗이 차기 왕이 될 것이라고 예언했지만 그 직후 다윗은 동굴에 거하고 광야를 헤매면서 왕위를 준비해야 했다. 그 광야에서 하나님은 목자요 힘이며 방패요 요새의 모습으로 다윗에게 나타나셨다.

세례 요한은 그의 아버지를 통해 위대한 선지자로 부름을 받았다. 그런데 하나님이 그에게 나타나신 것은 신학교가 아니라 광야에서였다. 결국 그는 유대 광야에서 짐승의 가죽을 입고 곤충을 먹으며 살았다. 누가복음 3장 2-3절은 이렇게 말한다. “하나님의 말씀이 빈 들에서 사가랴의 아들 요한에게 임한지라 요한이 요단 강 부근 각처에 와서 죄 사함을 받게 하는 회개의 세례를 전파하니.”

하나님이 사도 바울에게 신약의 많은 부분을 차지할 신비를 보여 주신 것은 아라비아 사막에서였다. “그의 아들을 이방에 전하기 위하여 그를 내 속에 나타내시기를 기뻐하셨을 때에 내가 곧 혈육과 의논하지 아니하고 또 나보다 먼저 사도 된 자들을 만나려고 예루살렘으로 가지 아니하고 아라비아로 갔다가…”(갈 1:16-17).

사도 요한은 어디서 ‘요한계시록’을 받았는가?

> 나 요한은 너희 형제요 예수의 환난과 나라와 참음에 동참하는 자라 하나님의 말씀과 예수를 증언하였음으로 말미암아 밧모라 하는 섬에 있었더니(계 1:9).

밧모는 버려진 섬이었다. 광야를 경험하기에 완벽한 장소가 아닐 수 없다.

무엇보다도 우리는 예수님과 동행한다. 예수님은 공개적인 자리에서 아버지에게 축복을 받은 뒤 성령의 이끌림을 따라 광야로 가셨고 사탄의 시험을 받으셨다.

이것이 하나님이 자주 사용하시는 패턴이다. 하나님은 우리를 통해 이루시려는 위대한 일을 보여 주신 다음 곧장 우리를 광야로 데려가 준비시키신다. 위대한 성인들, 심지어 우리 주님에게까지 광야가 필요했다면 광야는 내게 좋은 곳이 분명하다. 비록 나는 더 쉬운 길을 원하지만 광야에서 시간을 보내는 것이 큰 유익이다. 광야는 하나님이 우리를 시험하고 겸손하게 만들며 강하게 단련시키는 곳이다. 광야에서 하나님은 우리 안에 경건한 인격을 형성시키신다. 광야는 나중에 하나님 나라의 일에서 열매를 거두기 위한 준비의 장소다.

광야의 가장 멋진 점은 하나님이 자신을 새롭게 나타내시는 곳이라는 점이다. 선지자 이사야의 말을 들어보자.

> 나 여호와가 시온의 모든 황폐한 곳들을 위로하여 그 사막을 에덴 같게, 그 광야를 여호와의 동산 같게 하였나니 그 가운데에 기뻐함과 즐거워함과 감사함과 창화하는 소리가 있으리라(사 51:3).

에덴동산은 하나님이 아담에게 자신을 나타내고 우정을 나누셨던 곳이다.

광야에서 우리는 하나님을 향한 굶주림과 갈증을 얻게 된다. 박탈된 상태에서 하나님이 나타나시면 이 세상의 것들에서 눈을 떼어 하나님을 바라보기가 더 쉽다. 우리는 이런 상황에 처해야 하나님의 부르심에 반응할 가능성이 높다. 하나님은 광야에서 우리에게 자신을 새롭게 나타내신다. 이사야 45장 15절은 이렇게 말한다. "구원자 이스라엘의 하나님이여, 진실로 주는 스스로 숨어 계시는 하나님이시니이다."

하나님은 그분을 깊이 갈망하는 자들이 친밀한 우정의 황홀경을 더욱 갈망하게 만들기 위해 숨으신다. 또한 하나님은 그분을 갈망하지 않는 자들로부터 숨으신다. 그래야 하나님을 당연하게 여기지 않는다. 그래야 하나님을 평범하게 여기지 않는다.

하나님을 향한 굶주림

하나님은 전심으로 찾는 자들에게 자신을 나타나신다. 앞서 살폈듯이 하나님은 이스라엘 자손들을 겸손하고 굶주리게 만들기 위해 광야로 이끌었다고 말씀하셨다. 하지만 그들은 여호수아처럼 하나님을 향한 굶주림을 느끼지 않고 오히려 하나님이 없애신 것들을 향한 굶주림을 느꼈다. 그래서 하나님이 모세에게처럼 그들에게도 자신을 나타내셨을 때 그들은 아무런 흥미를 보이지 않았다. 오히려 그들은 하나님을 거부했다. 신명기를 살펴보자.

> 산이 불에 타며 캄캄한 가운데에서 나오는 그 소리를 너희가 듣고 너희 지파의 수령과 장로들이 내게 나아와 말하되 우리 하나님 여호와께서 그의 영광과 위엄을 우리에게 보이시매 불 가운데에서 나오는 음성을 우리가 들었고 하나님이 사람과 말씀하시되 그 사

람이 생존하는 것을 오늘 우리가 보았나이다 이제 우리가 죽을 까닭이 무엇이니이까 이 큰 불이 우리를 삼킬 것이요 만일 우리가 우리 하나님 여호와의 음성을 다시 들으면 죽을 것이라 육신을 가진 자로서 우리처럼 살아 계시는 하나님의 음성이 불 가운데에서 발함을 듣고 생존한 자가 누구니이까 당신은 가까이 나아가서 우리 하나님 여호와께서 하시는 말씀을 다 듣고 우리 하나님 여호와께서 당신에게 이르시는 것을 다 우리에게 전하소서 우리가 듣고 행하겠나이다 하였느니라(신 5:23-27).

다시 말하지만, 하나님은 모세에게 하셨던 것처럼 광야에서 이스라엘 백성들에게 자신을 나타내기를 원하셨다. 하지만 그들은 그것을 거부하며 모세에게 이런 요구를 했다. "당신이 가서 하나님이 뭐라고 하시는지 듣고 우리에게 알려 주시오. 그러면 우리가 그대로 하겠소."

안타깝게도 이스라엘 백성들은 하나님을 알지 못하고 겨우 하나님에 '관해서'만 알고 있었다. 그래서 그들은 하나님이 명령하신 대로 할 수 없었다. 그들은 하나님을 알지 못했기 때문에 약속된 땅을 보지 못하고 결국 광야에서 죽고 말았다.

하나님이 요한과 모세, 다윗, 요셉, 바울 등에게 하셨던 것처럼 우리를 광야로 이끄신다면 그것은 우리가 그분에 대한 굶주림을 느끼는지 혹은 우리가 손에 넣지 못한 위안과 쾌락에 대한 굶주림을 느끼는지 확인하기 위해서다. 야고보의 말을 들어보자.

구하여도 받지 못함은 정욕으로 쓰려고 잘못 구하기 때문이라 간음한 여인들아 세상과 벗된 것이 하나님과 원수 됨을 알지 못하느냐 그런즉 누구든지 세상과 벗이 되고자 하는 자는 스스로 하나님과 원수 되는 것이니라 너희는 하나님이 우리 속에 거하게 하신 성령이 시기하기까지 사모한다 하신 말씀을 헛된 줄로 생각하느냐 그러나 더욱 큰 은혜를 주시나니 그러므로 일렀으되 하나님이 교만한 자를 물리치시고 겸손한 자에게 은혜를 주신다 하였느니라 그런즉 너희는 하나님께 복종할지어다 마귀를 대적하라 그리하면 너희를 피하리라 하나님을 가까이하라 그리하면 너희를 가까이하시리라 죄인들아 손을 깨끗이 하라 두 마음을 품은 자들아 마음을 성결하게 하라(약 4:3-8).

전심으로 하나님을 찾으며 그분 앞에 나아가면, 외면하지 않으시고 가까이 다가오신다. 하지만 이스라엘 자손들은 하나님의 바람보다 자신들의 욕심(정욕)에 더 관심이 많았다. 그들은 세상 방식으로 얻을 수 있는 위안과 안전을 찾는 간음자들이었다. 그들은 그 많은 재물과 사치품이 애굽인들과 그들의 군대를 구해 주지 못했다는 사실을 너무 빨리 잊어버렸다.

하나님은 그분께 가까이 다가가기 위해 두 가지를 해야 한다고 말씀하신다. 첫째, 손을 깨끗이 해야 한다. 이와 관련해서 고린도후서 7장 1절은 이렇게 말한다. "그런즉 사랑하는 자들아 이 약속을 가진 우리는 하나님을 두려워하는 가운데서 거룩함을 온전히 이루어

육과 영의 온갖 더러운 것에서 자신을 깨끗하게 하자." 죄는 우리를 하나님에게서 떼어놓는다. "오직 너희 죄악이 너희와 너희 하나님 사이를 갈라놓았고 너희 죄가 그의 얼굴을 가리어서 너희에게서 듣지 않으시게 함이니라"(사 59:2).

둘째, 마음을 성결하게 해야 한다. 야고보는 본문 중에 그 방법을 알려 주고 있다. "두 마음을 품은 자들아 마음을 성결하게 하라"(4:8). 두 마음을 품은 사람은 영과 육신 사이에서 갈피를 잡지 못하는 자들이다. 하나님의 것들에 마음을 단단히 고정시키지 못한 자들이다. 골로새서 3장 1-2절은 이렇게 말한다. "그러므로 너희가 그리스도와 함께 다시 살리심을 받았으면 위의 것을 찾으라 거기는 그리스도께서 하나님 우편에 앉아 계시느니라 위의 것을 생각하고 땅의 것을 생각하지 말라."

우리는 열심히 찾는 것에 마음을 고정하게 되어 있다. 여기서 키워드는 '고정'이다. 여자가 파마를 하면 머리카락 한 올 한 올이 화학적으로 변화되어 곱슬곱슬한 모양으로 고정된다. 이제 그 여자는 머리카락 한 올 한 올이 곱슬곱슬한 모양으로 고정되었기 때문에 곱슬머리 여자다. 그 머리카락을 잡아 펴도 이내 고정된 상태로 돌아오게 되어 있다.

사람들은 교회에 가고 찬양 팀에서 찬양을 부르고 기독교 활동에 참여한다. 하지만 '기독교적인' 일이 아닌 다른 일을 할 때 그들의 마음은 어디를 향할까? 바로, 이미 고정되어 곳을 향하게 되어 있다. 교회 건물이나 기독교적인 환경을 떠나는 순간부터 그들의 마음은 파마를 한 머리카락처럼 이미 고정되어 있는 상태로 돌아간다.

나는 수많은 교회에서 목청껏 찬양을 하고 설교 시간에 열심히 적고 교회의 여러 사역에 힘껏 참여하는 사람들을 많이 만나서 대화를 나누었다. 물론 이런 활동 자체는 전혀 잘못된 것이 아니다. 문제는 예배와 사역 중간에 짬이 날 때마다 그들의 입에서 나오는 말은 돈, 스포츠, 옷, SNS에 새로 올라온 것들, 취미, 이성, 음식, 쇼핑, 좋아하는 휴대폰 앱 같은 세상적인 것들에 관한 이야기뿐이었다. 이런 이야기는 그들이 좋아서 하는 것이지만 성경 읽기나 기도, 봉사 활동, 심지어 교회에 가는 것도 어디까지나 의무로 여기는 것이다.

남자가 여자와 사랑에 빠지면 누가 시키지 않아도 늘 그 여자에 관해 생각하고 말하게 되어 있다. 머릿속에는 늘 그 여자 생각뿐이며, 그녀의 이름을 말할 때면 눈에서 생기가 돈다. 그것은 그의 마음이 그녀에게 고정되어 있기 때문이다. 그의 마음은 둘로 갈라져 있지 않다. 한 여자에게 완전히 사랑에 빠져 다른 여자들에 관한 생각은 일체 없다.

시편 16편 8절에서 다윗은 이렇게 말한다. "내가 여호와를 항상 내 앞에 모심이여." 다윗의 마음은 둘로 갈라져 있지 않았다. 그의 마음은 성결했다. 그의 마음속에 하나님만큼 사랑하는 다른 것은 없었다. 하나님을 향한 그의 사랑은 이 세상이 주는 좋은 것들을 다 잊어버릴 만큼 강렬했다. 우리가 예수님보다 더 사랑하거나 좋아하거나 믿는 것은 다 우상이다. 다윗의 말을 들어보자.

> 여호와의 산에 오를 자가 누구며 그의 거룩한 곳에 설 자가 누구인가 곧 손이 깨끗하며 마음이 청결하며 뜻을 허탄한 데에 두지 아니하며 거짓 맹세하지 아니하는 자로다(시 24:3-4).

예수님은 마태복음 10장 37절에서 이렇게 말씀하셨다. “아버지나 어머니를 나보다 더 사랑하는 자는 내게 합당하지 아니하고 아들이나 딸을 나보다 더 사랑하는 자도 내게 합당하지 아니하며.”

광야에서 우리는 세상적인 삶을 너무 사랑해서 하나님을 알 기회를 놓친 이스라엘 자손들처럼 행동하지 말자.

이사야는 이렇게 말한다.

> 광야와 메마른 땅이 기뻐하며 사막이 백합화 같이 피어 즐거워하며 무성하게 피어 기쁜 노래로 즐거워하며 레바논의 영광과 갈멜과 사론의 아름다움을 얻을 것이라 그것들이 여호와의 영광 곧 우리 하나님의 아름다움을 보리로다(사 35:1-2).

광야는 하나님의 영광이 드러나는 곳이다! 우리보다 앞서 걸었던 위대한 믿음의 선배들의 발자취를 따라가자! 다윗과 모세, 바울, 요셉을 비롯한 위대한 사람들처럼 깨끗한 손과 청결한 마음으로 하나님께 가까이 다가가자!

Survival TIP

광야에서 살아남기 위한 생존 팁 2

외롭다고 느끼는가? 하나님을 갈망하라

광야의 흔한 특징 중 하나는 하나님이 곁에 계시지 않는 것만 같은 느낌이다. 하나님의 존재를 가장 느끼고 싶을 때 오히려 그분이 한없이 멀게 느껴진다.

하나님 존재의 두 가지 개념을 이해하는 것이 중요하다. 첫 번째 표현은 이 성경 말씀을 근거로 한다. "내가 결코 너희를 버리지 아니하고 너희를 떠나지 아니하리라"(히 13:5). 이것은 하나님의 편재를 말한다. 다윗 왕의 다음 말도 이 개념을 지칭한 것이다. "내가 하늘에 올라갈지라도 거기 계시며 스올에 내 자리를 펼지라도 거기 계시니이다"(시 139:8). 성경의 말씀과 하나님을 믿는다면 우리 느낌이나 주변 상황과 상관없이 하나님이 늘 곁에 계신다는 사실을 믿어야 한다.

우리 모두가 갈망하며 그리스도인의 삶의 일부이기도 한 두 번째 개념은 특별한 임재다. 임재는 보이지 않는 것이 보이고 들리지 않는 것이 들리며 알지 못하는 것이 알게 된다는 뜻이다. 임재는 하나님이 우리의 육체적 감각으로 감지되도록 나타나신다. 예배나 개인적인 기도, 숲속 산책, 일상적인 활동 등을 비롯해서 수만 가지 방법으로 나타날 수 있는 이런 만남은 실로 굉장한 경험이다.

따라서 광야에서 영적으로 굶주리고 목마를 때 하나님이 이 숨 막히게 아름다운 임재로 다가오시지 않더라도 긴장을 풀고 그분의 약속들, 특히 "내가 결코 너희를 버리지 아니하고 너희를 떠나지 아니하리라"라는 약속을 굳게 붙잡으라. 특별한 임재가 없어도 하나님을 갈망할 때 그분을 향한 우리의 변함없는 사랑이 더욱 크게 울려 퍼진다.

네 하나님 여호와께서 … 네게 광야 길을 걷게 하신 것 …
이는 너를 낮추시며 너를 시험하사 네 마음이 어떠한지 …
알려 하심이라
-신명기 8장 2절

당신의 모든 경험을 되돌아보라.
하나님이 광야에서 당신을 어떻게 이끄시고
매일 먹이고 입히셨는지 생각해 보라.
하나님이 당신의 잘못된 태도와 불평,
'애굽의 육체적인 쾌락'에 대한 갈망을 어떻게 참아 주셨는가?
고난 중에 하나님의 은혜가 당신에게 얼마나 충분했는지를 생각하라.
- 찰스 스펄전(Charles H. Spurgeon)

Chapter 3

꼭 필요한 시간

성숙을 위해 이보다 좋은 곳은 없다

내가 처음 겪은 광야는 말 그대로 충격이었다. 솔직히, 그리스도의 제자로서 처음 2년간은 긴 신혼여행과도 같았다. 아내와 나는 텍사스 주 댈러스에 자리를 잡았고, 그곳에서 엔지니어로 한동안 일하다가 한 대형 교회에서 사역자로 섬기게 되었다. 나는 담임목사 내외와 초빙 강사들을 섬기는 '직책'을 받게 되었다. 그 일은 즐겁기 짝이 없었다! 그곳이 바로 천국이라고 생각되었다. 우리 교회는 미국에서 가장 유명한 교회 중 한 곳이었기 때문에 나는 세상에서 가장 위대한 목사들을 섬길 수 있었다.

전국을 넘어 전 세계의 위대한 리더들이 공항에 도착하면 내가 차를 몰고 가서 우리 교회나 숙소까지 데려다 주었다. 그들이 머무는 동안 나는 필요한 곳까지 가 주고, 함께 식사를 했다. 나는 우리 세대 기독교계에서 가장 위대한 인물들과 많은 시간을 보냈다. 그 직책을 맡은 첫해는 환상적이었다.

그러다 상황이 힘들어지기 시작했다. 정말, 정말 힘들어졌다. 당시는 하나님이 알려 주시지 않아서 몰랐지만 나는 광야의 입구에 있었다. 광야는 하나님이 우리를 훈련시키시는 곳이다. 광야는 우리의 인격이 성장하고 우리의 믿음이 강해지는 곳이다. 광야는 '꼭 필요한' 곳이다.

광야로 이끄신 분은 누구인가

당신이 평생 노예 상태에서 막 해방된 이스라엘 백성 중 한 명이라고 상상해 보라. 당신은 거세게 소용돌이치는 두 바닷물의 벽 사이로 마른 땅을 걸어 반대편 뭍까지 무사히 이르는 두려우면서도 흥미진진한 경험을 했다. 당신을 보호해 주었던 그 물의 벽이 무너져 적을 삼키는 장면도 보았다. 평생 당신을 괴롭히던 자들이 이 땅에서 영원히 사라졌다! 당신은 하나님이 주신 승리와 구원에 춤을 추며 기뻐했다. 하나님이 당신의 편이심을 똑똑히 알고 천하무적이 된 기분이었다. 이제 하나님 능력이나 신실하심을 평생 의심하지 않을 것이라 확신했다.

하지만 이제 상황이 달라졌다. 며칠 뒤, 당신은 뜨거운 태양 아래서 지치고 목말라 있다. 지금 당신은 '약속의' 땅 문턱에 있지 않다. 당신은 독사와 전갈이 득실대는 광야에서 정처 없이 헤매고 있다. 더 이상 말들과 기수들을 수장시키신 하나님을 찬양하며 춤을 추고 있지 않다. 당신은 대장에게 따져대고 있다. "왜 우리를 애굽에서 데리고 나온 거요? 우리와 우리의 자녀는 물론이고 가축까지 다 목말라 죽게 만들려고?"

자, 이제 가만히 생각해 보라. 설마 하나님이 당신을 혼란과 침묵의 광야에서 기약 없이 헤매게 만들려고 그 엄청난 기적까지 베풀어가며 강한 적의 손에서 구하셨을까? 과연 그것이 하나님의 목적일까? 그럴 리는 없다. 광야는 약속의 땅으로 가는 길에 꼭 들러야만 하는 곳이다.

하나님은 이스라엘 자손들을 애굽에서 광야로 이끄셨던 것처럼 우리도 광야로 이끄셨다. 사탄이 우리를 이곳으로 이끈 것이 아니다. 하나님이 하셨다. 그리고 여기에는 중요한 목적이 있다. 이 메마른 시기를 위한 하나님의 계획이 있다. 첫째, 하나님은 우리를 겸손하게 만들기를 원하신다. 둘째, 하나님은 우리를 시험하고자 하신다. 그 시험의 목적은 우리가 우리 마음의 '진정한' 상태를 알게 되는 것이다.

하나님이 우리를 어떻게 겸손하게 만드시는가? "너를 낮추시며 너를 주리게 하시며 또 너도 알지 못하며 네 조상들도 알지 못하던 만나를 네게 먹이신 것은"(신 8:3). 하나님은 굶주림을 통해 이스라엘 백성들을 겸손하게 만드셨다. 그런데 하나님의 이어진 말씀은 그들에게 만나를 먹이셨다는 것이다. 아무래도 앞뒤가 맞지 않는 말씀처럼 들린다. 그들에게 만나를 먹이면서 굶주리게 만드셨다고?

매일 신선한 만나가 준비되다

만나는 최고의 음식이다. 천사들을 위한 식당의 메뉴에 있는 음식이니 말 다했다! 엘리야는 겨우 만나 두 덩어리를 먹고 40일 동안 여행할 힘을 얻었다. 그런데 이스라엘 백성들에게는 그 좋은 만나가 두 덩어리 정도가 아니라 풍성하게 공급되었다. 일주일에 6일간 아침마다 하늘에서 새로운 만나가 내렸으니까 말이다. 여섯째 날 아침에 거둔 만나는 일곱째 날이 지날 때까지 상하지 않았다. 덕분에 그들은 하나님이 처음 만나를 내려 주신 날부터 약속의 땅 강변에 진을 칠 때까지 단 한 끼도 거르지 않았다.

그런데 왜 하나님은 "너를 주리게 하시며"라고 말씀하셨을까? 하나님은 도대체 어떤 굶주림을 말씀하신 것인가? 이 점을 이해하기 위해서는 이스라엘 백성들의 상황을 생각해 봐야 한다. 아침마다 당신의 식사가 빵 한 덩어리이고, 저녁식사도 항상 빵 한 덩어리라고 생각해 보라. 버터도, 땅콩버터도, 젤리도, 햄도, 참치도 없다. 그냥 빵밖에 없다. 그런데 이 식단이 며칠이나 몇 주가 아니라 '40년'이라고 상상해 보라.

중고등부 전도사로 사역할 때 56명의 청소년을 데리고 트리니다드(Trinidad)라는 나라로 8일간 선교 여행을 다녀온 적이 있다. 트리니다드 교회에서 교인들이 우리에게 식사를 제공했는데, 그들은 더없이 친절한 분들이었다. 그런데 매일 식사가 닭고기였다. 물론 매번 다른 요리가 나왔고 밥과 채소도 곁들여서 나왔지만 재료는 항상 닭이었다.

8일간 닭을 먹고 나자 다른 음식에 대한 굶주림이 생겼다. 한 아이는 집에 오자마자 엄마에게 저녁 메뉴가 뭔지 물었다. “닭이야!”라는 엄마의 대답에 그 아이는 소리를 지르며 나가서 햄버거를 사 달라고 애원했다.

트리니다드에서 우리는 겨우 8일 만에 불평하기 시작했다. 그런데 40년이라니 상상이 가는가? 4년도 아닌 ‘40’년 동안 똑같은 음식을 먹다니! 이제 하나님이 이스라엘 백성들을 어떻게 주리게 만드셨는지 이해했는가? 하나님은 그들의 입맛이 원하는 것이 아니라 건강하게 사는 데 필요한 것을 주셨다.

또 어떤 상황이 그들을 굶주리게 만들었을까? 또 무엇이 그들로 하여금 가지지 못한 것을 갈망하게 만들었을까? 이 이야기를 읽어 보면 놀라운 사실 하나를 발견하게 된다. 그들의 옷과 신발이 전혀 헤지지 않았다는 것이다. 돈이 들지 않아서 좋았을까? 하지만 가만히 생각해 보라. 당신이라면 똑같은 옷을 40년간 입고 싶은가? 나라면 지루해서 견디지 못할 것 같다. 쇼핑몰에 가거나 인터넷에서 새로운 스타일을 구경하는 재미도 없을 것이다. 40년간 똑같은 갈색 샌들 한

짝만 주어졌다. 물론 그들의 기본적인 필요는 완벽히 채워졌다. 그들은 덥지도, 춥지도 않게 살았다. 하지만 자신들이 원하는 것은 누릴 수가 없었다.

이번에는 매일 같은 풍경의 따분함을 상상해 보라. 몇 주가 아니라 '40년' 동안 똑같은 풍경을 보며 지내는 것은 어떨까? 매일 똑같은 선인장과 파피루스, 바짝 마른 땅만 본다면 기분이 어떠할까? 평화롭게 흐르는 강과 무성한 숲, 아름다운 포도원, 그림 같은 호수 따위는 없다. 매일같이 똑같은 사막 풍경만 눈앞에 펼쳐진다.

이스라엘 백성들은 필요한 것을 가졌지만 원하는 것은 얻지 못했다. 이런 관점에서 다음 구절을 다시 생각해 보라.

> 너를 낮추시며 너를 주리게 하시며 또 너도 알지 못하며 네 조상들도 알지 못하던 만나를 네게 먹이신 것은 사람이 떡으로만 사는 것이 아니요 여호와의 입에서 나오는 모든 말씀으로 사는 줄을 네가 알게 하려 하심이니라(신 8:3).

굶주림의 ——— 시험 통과하기

하나님은 이스라엘 백성들의 기본적인 필요는 채워 주시되 육체의 소욕을 만족시켜 줄 것들을 다 없앰으로써 굶주림을 유발하셨다. 그리고 그 굶주림은 시험이었다. 즉 하나님은 그들이 자신들의 실태를 알기를 원하셨다. 그들이 애굽에 남겨 두고 온 것들이 아닌 하나님을 원할까? 그들이 하나님을 찾을까? 아니면 육신이 원하는 것을 찾을까? 그들이 의에 대한 굶주림과 목마름을 느낄까? 아니면 안위와 쾌락을 갈망할까? 안타깝게도 그들의 마음은 참된 만족을 주시는 유일한 분께 고정되어 있지 않았다. 그래서 결국 그들은 시험에 낙방하고 말았다.

> 그들 중에 섞여 사는 다른 인종들이 탐욕을 품으매 이스라엘 자손도 다시 울며 이르되 누가 우리에게 고기를 주어 먹게 하랴 우리가 애굽에 있을 때에는 값없이 생선과 오이와 참외와 부추와 파와 마늘들을 먹은 것이 생각나거늘 이제는 우리의 기력이 다하여 이 만나 외에는 보이는 것이 아무 것도 없도다 하니(민 11:4-6).

애굽에 남겨 두고 온 것들이 떠올랐다. 그럴수록 노예로 억압받던 삶조차도 하나님이 인도하신 메마른 땅보다는 낫게 보이기 시작했다. 결국 그들은 불평하며 고기를 달라고 아우성치기 시작했다. 그리고 하나님은 그 아우성을 들으셨다.

> 그들이 먹고 심히 배불렀나니 하나님이 그들의 원대로 그들에게 주셨도다 그러나 그들이 그들의 욕심을 버리지 아니하여 그들의 먹을 것이 아직 그들의 입에 있을 때에 … 그러므로 여호와께서는 그들이 요구한 것을 그들에게 주셨을지라도 그들의 영혼은 쇠약

하게 하셨도다(시 78:29-30; 106:15).

그들은 원하는 것을 얻었지만 그로 인해 비싼 대가를 치러야 했다. 고기와 함께 딸려온 것은 영혼의 쇠약함이었다. 그들은 영혼이 쇠약해서 시험을 통과할 수 없었고, 결국 약속의 땅에 입성하지 못했다. 그들의 죄는 고기를 요구한 것이 아니었다. 죄는 그 요구 이면의 마음에 있었다. 고기를 요구한 행위는 하나님, 그리고 그분이 이끄시고 공급하시는 방법에 불만족한 마음을 보여 준다. 또한 그것은 애굽에 남겨 두고 온 삶을 향한 강한 바람을 보여 준다. 그들은 어느새 노예 생활의 괴로움을 다 잊어버리고 그곳에서의 삶을 즐거움으로 기억하고 있었다.

이 상황은 우리 모두에게 엄숙한 교훈을 준다. 즉 약속의 유익에만 관심이 있고 약속을 주신 분을 찾지 않으면 인생의 광야 시기에 필요한 영적 힘을 얻을 수 없다. 전혀 좋은 시절이 아니라 속박의 시절인 날들을 좋았던 옛날로 기억하게 될 수밖에 없다.

하나님이 '주시거나 해 주실 수 있는' 것 때문에 그분을 찾는 것과, 그분 자체를 찾는 것은 전혀 차원이 다르다. 전자는 자신의 이익을 위한 것이고, 그런 이기적인 동기로 시작하면 설령 하나님과 관계를 맺더라도 미성숙한 관계에 머물 수밖에 없다. 하지만 하나님 자신을 찾으면 우리 모두가 원하는 친밀하고도 강한 관계를 얻을 수 있다.

하나님의 '공급'이 아닌 하나님 '마음'을 구하라

당연한 말이지만, 메마른 광야에는 자원이 부족하다. 따라서 광야는 우리가 원하는 것이 아니라 감정적으로 혹은 물리적으로 혹은 물질적으로 필요한 것을 얻는 곳이다. 하나님은 우리의 기본적인 필요를 채워 주겠다고 약속하셨다. 따라서 광야에서도 하나님은 일용할 양식을 주신다. 단, 풍요를 기대해서는 곤란하다.

풍요로운 시기에는 고기를 실컷 먹을 수 있을지 몰라도, 광야에서는 심지어 돼지 새끼 한 마리 찾을 수 없다. 광야는 다른 종류의 궁핍한 시기다. 그 시기는 원하는 것이 아니라 사회적으로 필요한 것을 경험하는 시기다. 그 시기는 하나님이 영적으로 필요한 것을 주시는 시기다. 단, 그것은 우리가 필요하다고 생각하는 것과 다를 수 있다. 이 시기에 하나님은 우리에게 필요한 것을 채워 주시는데, 그것은 우리가 원하는 것과 다를 수 있다.

광야의 목적은 우리를 정화하고 강화시키는 것이다. 광야에서 우리가 집중적으로 추구해야 할 것은 하나님의 '공급하심'이 아니라 그분의 '마음'이다. 그럴 때 다시 풍성한 시기가 찾아와도 우리에게 풍요를 주셔서 언약을 이루시는 분이 하나님이시라는 사실을 잊지 않을 수 있다(신 8:2-18).

근본적인 문제는 필요한 것과 원하는 것에 대한 우리의 정의가 현실과 동떨어져 있다는 것이다. 우리는 원하는 것을 '필요한 것'이라고 부른다. 바울의 다음 말이 무엇을 의미하는지 아직 깨닫지 못한 사람이 너무도 많은 듯하다.

> 내가 궁핍하므로 말하는 것이 아니니라 어떠한 형편에든지 나는 자족하기를 배웠노니 나는 비천에 처할 줄도 알고 풍부에 처할 줄도 알아 모든 일 곧 배부름과 배고픔과 풍부와 궁핍에도 처할 줄 아는 일체의 비결을 배웠노라 내게 능력 주시는 자 안에서 내가 모든 것을 할 수 있느니라(빌 4:11-13).

바울은 그리스도의 능력을 통해 메마른 시기에도 풍요로운 시기만큼 만족할 수 있다는 사실을 배웠다. 하지만 현대인들은 도무지 만족할 줄 모른다. 가진 것이 많으면서도 가난한 사람보다 조금도 더 만족할 줄 모르는 사람이 너무 많다. 많은 사람이 가지고 싶은 것을 다 가지지 못하면 박탈감을 느낀다. 사람의 인격과 믿음이 아닌 재산이나 사회적 성공, 지위에 주목하는 세상이다.

이스라엘 자손들은 금은이며 좋은 옷까지 애굽인들에게 빼앗은 막대한 재물을 갖고 애굽을 떠났다. 그런데 그들은 그 귀한 금으로 광야에서 우상을 만들고 좋은 옷으로 치장시킨 뒤에 그 앞에서 춤을 추었다. 이 얼마나 불경한 모습인가. 출애굽 세대 중 오직 두 명만이 약속의 땅을 차지할 인격을 소유하고 있었다. 그들은 바로 여호수아와 갈렙이었다. 오직 그 두 사람만이 약속의 땅에 들어갔다. 그것은 그들이 나머지 사람들과 전혀 다른 영을 품고 있었고 하나님을 온전히 따랐기 때문이다(민 14:24). 영과 인격이 아닌 재물로 서로를 평가한다면 그 가치체계는 왜곡된 것이다.

한편, 우리는 많은 재물을 얻거나 높은 자리에 오르면 그것을 무엇이든 우리 맘대로 해도 좋다는 하나님의 허락으로 해석할 때가 많다. 그래서 원하는 대로 마음껏 사면서 돈을 자신의 욕심에 사용하거나 영향력을 자신의 이익을 위해 사용한다. 이런 사람은 십중팔구 메마른 시기를 잘못 보낸 사람이다. 메마른 시기를 제대로 보낸 사람이라면 금전적인 복이나 더 높은 권위를 얻었을 때 그것으로 하나님의 목적을 더 열심히 추구한다.

예수님이 어떤 태도로 사역을 하셨는지 생각해 보라. 예수님은 한 번도 이기적인 동기로 움직이신 적이 없었다. 예수님은 우리 죄와 질병, 죽음의 형벌을 대신 짊어지셨다. 예수님은 아무런 죄도 없었지만 자신의 안위보다 우리의 안위를 더 생각하셨다. 예수님의 삶과 사역은 자신을 챙기는 것이 아닌 자신을 내어주는 삶과 사역이었다. 예수님은 자신을 부인하면서까지 우리에게 영생이라는 가장 큰 선물을 주셨다.

이런 성숙한 인격은 광야에 있을 때 길러진다. 광야는 성령의 열매가 키워지는 곳이다. 하나님을 알려는 마음이 강한 자들은 광야에서 그분과 나란히 걷는 법을 배운다.

Survival TIP

광야에서 살아남기 위한 생존 팁 3

 # 스스로 해결사가 되려는 유혹을 뿌리치라

독립적인 현대인들이 광야에서 가장 빠지기 쉬운 함정 중 하나는 자신의 힘으로 뭔가를 이루려는 것이다. 하나님이 멀리 떠나신 것만 같을 때, 하나님의 나라를 위한 노력이 번번이 실패로 끝날 때, 기도 시간이 그저 무릎이 아픈 시간밖에 되지 않을 때, 그때 우리는 어떻게든 뭔가를 이루어 보려고 갖은 애를 쓴다. 하지만 그것은 별로 좋은 생각이 못된다. 광야는 많은 것이 이루어지는 곳이 아니다. 마실 물도 별로 없고 식사 메뉴는 지겹기 짝이 없다. 이 메마른 시기에 우리 인생에서 가장 중요한 것은 무엇을 하느냐 혹은 무엇을 가지느냐가 아니라는 교훈을 얻는다. 인생에서 가장 중요한 것은 하나님을 친밀히 알고 매일 그분의 뜻을 이루어 가는 것이다.

나의 광야 기간 중 한 번은 아무런 비전도 열정도 의욕도 없어서 매일이 한 주 같고, 매주가 한 달 같았다. 그래도 나는 계속해서 가야만 했다. 하나님의 말씀에서 힘을 길어 올리며 이를 악물고 일하고 섬기고 출근해야 했다. 아울러 조급한 마음에 내 손으로 성급하게 뭔가를 벌이려는 유혹을 이겨내야 했다. 내가 하나님이 원하시는 곳에 있다는 말로 계속해서 스스로를 다독여야 했다. 하나님이 시간 낭비를 하고 계신 것이 아니고 결국 약속을 이루실 거라고 계속 해서 믿어야 했다.

분명, 광야는 우리 자신을 높이려고 노력할 곳이 아니다! 명심하라. 지금 당신은 정화되고 준비되고 있는 중이다. 따라서 인내로 버티고, 죄를 짓고 싶은 유혹을 뿌리치라. 하나님이 광야에 건설하고 계신 대로에서는 언제나 그분과 나란히 달려야 한다. 그분이 너무 늦게 가시는 것처럼 보인다고 해서 앞지를 생각은 추호도 하지 마라!

너희가 나를 사랑하면
나의 계명을 지키리라
- 요한복음 14장 15절

내적 삶이 바로 서면
얼마나 많은 어려움이
저절로 해결되는지 모른다.
- A. W. 토저(Tozer)

Chapter 4

친밀한 관계

더 깊은 관계로 데려가시다

하나님이 우리를 광야로 데려가실 때 그분 자신을 위해서는 무엇을 추구하고 계신 것일까? 우리가 광야에서 거둘 수 있는 몇몇 유익은 이미 살펴보았고, 앞으로도 계속해서 살펴볼 것이다. 하지만 하나님께도 뭔가 유익이 있을까? 그렇다. 하나님이 거두실 유익도 있다. 하나님이 원하시는 것은 바로 우리와 더 깊은 관계를 나누는 것이다. 하나님은 우리가 그분과 친밀해지기를 바라신다. 하지만 안타깝게도 시간이 지날수록 하나님을 향한 우리의 열정은 오히려 시드는 경우가 더 많다.

아내와 약혼했을 때 나는 정신을 못 차릴 정도로 아내에게 푹 빠져 있었다. 자나 깨나 아내 생각뿐이었다. 아내와 더 많은 시간을 보낼 수만 있다면 뭐든 할 수 있었다. 아내가 뭔가 필요하다고 하면 어떤 일을 하는 중이든 상관없이 당장 차에 올라타서 그것을 구하러 갔다.

한번은 아내의 집에서 거의 다섯 시간을 함께 보낸 뒤에 마지못해 자리에서 일어섰다. 그런데 집에 도착하자마자 전화벨이 울렸다. 아내였다. 아내가 나긋나긋한 목소리로 이렇게 말했다. "자기, 우리 집에 재킷을 놓고 갔어요."

그 말이 내 귀에는 음악과도 같았다. 나는 일말의 망설임도 없이 들뜬 목소리로 대답했다. "아, 그래요? 내가 지금 바로 갈게요." 그렇게 아내의 집에 가서 다시 서너 시간 동안 함께했다. 너무도 즐거운 하루였다.

당시 아내가 한밤중에 전화를 해서 "내가 제일 좋아하는 음식은 아이스크림이에요"라고 말하면 그 즉시 내 입에서 "10분만 기다려! 어떤 맛을 좋아해?"라는 대답이 나왔다. 나는 어떻게든 아내와 함께할 시간과 이유를 만들었다. 아내를 향한 폭발적인 사랑 때문에 아내가 원하는 일은 뭐든 할 수 있었다. 나는 아내에 대한 사랑을 '증명해' 보이기 위해 그런 일을 한 것이 아니었다. 나는 아내를 사랑하기 '때문에' 그런 일을 했다.

나는 사람들에게 아내에 관한 이야기를 '억지로' 할 필요가 없었다. 누구를 만나기만 하면 내 입에서 나도 모르게 저절로 아내에 관한 칭찬이 터져 나왔다. 누군가와 대화를 하다가 잠시 말이 끊기면 그 기회를 놓칠세라 아내에 관해, 그리고 곧 있을 우리의 결혼식에 관해 신나게 떠들기 시작했다. 한마디로 나는 사랑에 빠져 있었다!

하지만 결혼한 지 불과 몇 년이 지나지 않아 내 관심은 스포츠, 친구들과의 어울림, 특히 목회 같은 다른 것들로 이동했다. 이제 아내와 양질의 시간을 보내거나 아내를 위해 뭔가를 하는 게 귀찮아졌다. 아내에 관한 생각도 별로 하지 않았다. 아내를 위한 선물은 성탄절과 기념일, 생일에만 준비했고, 그마저도 성가시게 생각했다. 사실, 한번은 밸런타인데이에 깜박 잊고 아내의 선물을 준비하지 않았다. 그때 아내가 얼마나 속상해하던지. 손이 발이 되도록 빌었던 기억이 난다. 미성숙한 나는 부부 관계의 현주소를 전혀 돌아보지 않고 있었다. 그로 인해 내 첫사랑은 식어가고 그만큼 우리 사이는 점점 멀어져만 갔다.

결국 하나님이 내 정신을 차리게 해 주셔서 얼마나 감사한지 모른다. 하나님은 내가 얼마나 이기적으로 변했는지를 깨닫게 해 주셨다. 그리고 감사하게도, 죽어가던 우리 사랑의 불씨를 되살려 우리 가정을 치유해 주셨다.

더 이상 하나님을 갈망하지 않다

하나님과의 관계에서도 이런 상황이 발생할 수 있다. 많은 그리스도인들이 정체기에 접어든다. 더 이상 하나님을 맹렬히 추구하지 않고 그저 관계를 유지하는 차원에서 만족한다. 그저 남들과 비교하거나 스스로 적정하다고 판단되는 수준에 비추어 영적 목표를 설정한다. 그때부터 그들은 하나님을 개인적으로 알려는 노력을 멈춘다. 매일의 할 일과 성공 추구, 이 세상의 근심 걱정에 온 시선이 고정된다. 이제 하나님을 알려고 하기보다는 복을 받기 위해 그분을 찾는다. 그럴수록 마음이 하나님에게서 멀어져 자기 자신을 향한다. 계속해서 교회 안에서 '믿음의 친구들'을 사귀고 지위를 쌓지만 생명을 주시는 분은 더 이상 갈망하지 않는다.

하나님이 주시는 유익과 복만을 추구하고 정작 하나님과의 친밀한 관계를 갈망하지 않으면 착각에 빠지기 쉽다. 우리는 하나님께 기도하고서 뿌듯해 하지만, 하나님의 시각에서 보면 우리의 기도는 단지 그분을 이용하려는 시도에 불과할 때가 많다. 우리는 응급 상황에서 도움을 구할 대상으로만 하나님을 볼 때가 많다. 하지만 하나님은 우리를 너무 사랑하셔서 우리를 착각 속에 빠진 채로 두시지 않는다. 하나님은 예수님을 찾는 한 무리에게 하셨던 것처럼 결국 우리의 현주소를 일깨워 주신다.

> 이튿날 … 무리가 거기에 예수도 안 계시고 제자들도 없음을 보고 곧 배들을 타고 예수를 찾으러 가버나움으로 가서 바다 건너편에서 만나 랍비여 언제 여기 오셨나이까 하니 예수께서 대답하여 이르시되 내가 진실로 진실로 너희에게 이르노니 너희가 나를 찾는 것은 표적을 본 까닭이 아니요 떡을 먹고 배부른 까닭이로다(요

6:22-26).

예수님은 우리 행동 이면의 진짜 동기를 정확히 알고 계신다. 한 무리의 사람들이 '예수님을 찾으러' 왔다. 하지만 예수님은 그들이 표적을 보고 이해하는 것보다 또 다른 복(공짜 식사)에 더 관심이 많다는 사실을 정확히 간파하셨다. 표적은 그 자체로 중요한 것이 아니라 중요한 방향이나 정보를 제공하는 것이다. 예수님은 무리가 표적을 통해 그분이 누구인지를 알아봤기 때문이 아니라 단지 주린 배를 채우고자 그를 따르는 것임을 알아보셨다.

아쉬운 소리를 할 때만 연락을 하는 사람을 알고 있는가? 혹시 누군가가 친근하게 다가왔는데 나중에 알고 보니 그저 당신이 가진 무엇인가(영향력이나 돈, 재물)에만 관심이 있는 사람이었던 경우가 있는가? 당신에 대한 진정한 관심이나 사랑은 전혀 없는 사람에게 한동안 이용을 당했던 적이 있는가? 그렇게 이용을 당하면 기분이 아주 나쁘다.

이런 이기적인 태도가 세상뿐 아니라 그리스도의 몸에까지 깊이 침투해 있다. 많은 교인들이 불만족에 시달리고 있다. 예수님을 향한 그들의 사랑은 식은 지 오래다. 그들은 예수님 자체를 사랑해서가 아니라 단순히 개인적인 이익을 위해 하나님을 섬긴다. 그래서 자신들이 '원하는' 것을 하나님이 제공해 주시면 기뻐하고 그분께 열광하지만, 삶이 힘들어지면 그들의 진짜 동기가 드러난다.

초점이 '자기 자신'이 되면 반드시 불평하게 되어 있다. 왜일까? 살다보면 누구에게나 고난이 찾아오기 때문이다. 고난이 찾아오면 이기주의에서 비롯한 불평이 시작된다. 그리고 고난이 계속되면 불평도 계속된다. 이번에도 이스라엘 자손들에게서 이 패턴을 볼 수 있다. 하나님이 괴로운 애굽 종살이에서 구해 주시자 이스라엘 백성들은 기뻐하며 환호했다.

> 아론의 누이 선지자 미리암이 손에 소고를 잡으매 모든 여인도 그를 따라 나오며 소고를 잡고 춤추니 미리암이 그들에게 화답하여 이르되 너희는 여호와를 찬송하라 그는 높고 영화로우심이요 말과 그 탄 자를 바다에 던지셨음이로다 하였더라(출 15:20-21).

이보다 더 행복할 수는 없었다. 이스라엘 백성들은 자신들을 압제자의 손에서 구해 주신 하나님의 위대하심과 기적적인 능력, 선하심에 완전히 압도되었다. 하지만 겨우 사흘 뒤 수르 광야에서 쓴 물을 만나자 모세를 향한 불평이 쏟아져 나오기 시작했다. "우리가 무엇을 마실까?"(출 15:24)

아무리 생각해도 이해할 수 없는 불평이다. 얼마 전에 홍해를 가르신 하나님이 그깟 안전한 물 하나를 제공해 주시지 못할까? 모세가 사흘 전의 그 영웅이 아니고 다른 사람이란 말인가.

실제로 하나님은 "물이 달게" 변하게 해 주셨다. 하지만 그 기적에 관한 기억도 금세 사라졌다. 며칠 뒤 이스라엘 백성들은 다시 불평하기 시작했다. 이번에는 음식에 관한 불평이었다. "하나님이 우리를 구해 주시기 전이 더 좋았다." 정말인가? 등에 채찍을 맞아가며 벽돌을 만드는 것이 더 좋았단 말인가?

> 이스라엘 자손 온 회중이 그 광야에서 모세와 아론을 원망하여 이스라엘 자손이 그들에게 이르되 우리가 애굽 땅에서 고기 가마 곁에 앉아 있던 때와 떡을 배불리 먹던 때에 여호와의 손에 죽었더라면 좋았을 것을(출 16:2-3).

마음의 숨은 동기가 드러나다

힘들고 메마른 시기의 불평은 대개 리더나 가족, 친구, 적, 혹은 정부를 향한다. 우리 대부분은 두려워서 감히 하나님께 비난의 화살을 돌리지는 못한다. 이스라엘 백성들도 모세와 아론을 향해 불평했다. 하지만 마음속으로는 하나님을 원망했을 것이 분명하다. '하나님이 우리를 실망시키셨어!' 모세는 그들의 머릿속에 흐르는 이런 생각을 간파하고서 호되게 꾸짖었다. "너희의 원망은 우리를 향하여 함이 아니요 여호와를 향하여 함이로다"(출 16:8).

광야는 우리 마음의 동기를 드러낸다. 우리의 마음이 이기적인가? 이기적이지 않은가? 성령께 당신의 마음속을 훤히 보여 달라고 요청하라. 어떤 동기가 당신을 움직이고 있는가? 어떤 태도나 행동이 계속해서 당신을 '애굽'에 노예로 붙잡아 두고 있는가? 무엇이 당신으로 하여금 광야에서 자꾸만 불평하게 만드는가? 회복되기 위해서는 하나님께 자신을 솔직하게 열어 사랑의 징계를 받아들이는 것이 정말 중요하다.

좋은 소식은, 언제라도 회개하고 마음의 상태를 바꿀 수 있다는 것이다! 지금이라도 당장 우리는 불평을 멈추고, 하나님을 필요한 것을 채워 주시는 분으로 이용하기만 하지 않고 그분과의 관계를 추구하기 시작할 수 있다.

그러면 하나님이 우리를 사랑하는 마음으로 광야로 보내실지도 모른다.

하나님은 ——— 한낱 공식이 아니다

이스라엘 백성들은 하나님을 추구하지 않았다. 그래서 그들은 그분의 길을 알 수 없었다. 그들은 하나님의 놀라운 기사에 열광했지만 그분의 초자연적인 능력이 나타나지 않을 때마다 죄에 빠져들었다. 모세가 산에만 올라가면 그들은 흐트러진 모습을 보였다. 그들은 구원의 혜택들에만 관심이 있을 뿐, 하나님께 더 가까이 다가가 그분을 친밀히 알려는 갈망은 눈곱만큼도 없었다.

하루는 광야에서 하나님이 모세에게 백성들을 정결하게 하라고 명령하셨다. 그것은 방금 전에 모세에게 말씀하셨던 것처럼 시내산에 내려와 백성들에게 말씀하기를 원하셨기 때문이다. 하지만 하나님이 엄청난 권능과 위엄으로 나타나시자 백성들은 그것을 감당할 수 없었다.

> 뭇 백성이 우레와 번개와 나팔 소리와 산의 연기를 본지라 그들이 볼 때에 떨며 멀리 서서 모세에게 이르되 당신이 우리에게 말씀하소서 우리가 들으리이다 하나님이 우리에게 말씀하시지 말게 하소서 우리가 죽을까 하나이다 모세가 백성에게 이르되 두려워하지 말라 하나님이 임하심은 너희를 시험하고 너희로 경외하여 범죄하지 않게 하려 하심이니라(출 20:18-19).

혼비백산한 백성들은 모세에게 애원했다. "당신이 가서 하나님이 뭐라고 하시는지 듣고 우리에게 알려 주시오. 그러면 우리가 그대로 하겠소."

이번에도 그들은 하나님과의 '관계'에는 일말의 관심도 없고 오직 그분이 주시는 혜택만 챙기려는 이기적인 욕심을 드러냈다. 어쩌면 그들에게도 나름 하나님의 말씀을 지키려는 마음이 있었을지 모른다. 하지만 하나님과의 친밀한 '관계'가 바탕을 이루고 있지 않으니 순종하려는 마음은 어디까지나 마음에서 그칠 뿐이었다.

이스라엘 백성들은 관계보다는 자신들의 문제에 대한 답을 원했다. 그래서 하나님이 어떻게 하셨을까? 하나님은 십계명이라는 답을 주셨다. 하지만 십계명은 그들의 문제를 바로잡지 못했다. 세대가 거듭될수록 그들은 이 계명들을 지킬 능력이 없다는 사실만 거듭 확인할 뿐이었다.

그렇다면 오늘날 우리 세대는 어떤가? 하나님의 길을 따르겠다는 좋은 의도를 행동으로 옮기는 사람이 과연 몇이나 되는가. 우리는 지키지 못할 맹세와 약속을 반복하다가 결국 나중에는 창피해서 기도조차 하지 않는 지경에 이르곤 한다. 그러다 하나님과 친밀한 관계를 누리는 목사나 배우자, 친구, 유명 블로거를 보며 열심히 따라해 본다. 이스라엘 백성들처럼 하나님과의 개인적인 관계가 빠진 채로 그분의 말씀과 계명을 지키려고 애를 쓴다. 요한복음 14장 21절에서 예수님은 이렇게 말씀하신다. "나의 계명을 지키는 자라야 나를 사랑하는 자니 나를 사랑하는 자는 내 아버지께 사랑을 받을 것이요 나도 그를 사랑하여 그에게 나를 나타내리라."

예전에는 이 구절을 읽으며 하나님이 내게 이렇게 말씀하고 계신다고 생각했다. "네가 내 계명을 지키면 네가 나를 사랑한다는 사실이 증명될 것이다." 그러던 어느 날 하나님은 내게 그 구절을 다시 읽으라고 말씀하셨다. 그렇게 했더니 하나님은 뜻밖의 말씀을 하셨다. "너는 아직도 내 말을 이해하지 못하고 있구나! 다시 읽어 보라!" 그런 식으로 그 구절을 아홉 번인가 열 번인가를 읽었다. 결국 나는 하나님께 부르짖었다. "주님, 제 무지를 용서해 주십시오. 무슨 뜻인지 보여 주십시오!"

"네가 내 계명을 지키면 네가 나를 사랑한다는 사실이 증명된다는 뜻이 아니다. 나는 네가 나를 사랑하는지 아닌지 이미 알고 있다! 내 말의 뜻은 사람이 나와 사랑에 빠지면 내 계명을 지킬 수 있는 사람이 된다는 것이다!"

마침내 깨달았다. 핵심은 '율법'이 아니라 '관계'다. 그 전까지 나는 이것을 계명 곧 율법으로 보았다. 하지만 하나님은 '관계'가 중요함을 내게 보여 주셨다.

- 규칙을 통해서는 하나님을 알 수 없다.
- 방법 속에서는 하나님을 발견할 수 없다.
- 거룩한 전능자를 한낱 공식으로 축소해서는 안 된다!

하지만 많은 사람이 하나님을 이런 식으로 보고 있다. 우리는 하나님과의 관계를, 행복한 삶을 위한 7단계 공식, 구원의 4단계 공식, 성공적인 관계의 다섯 가지 측면, 기도 응답을 위한 증명된 방법 같은 '율법과 공식'으로 대체했다. 우리는 마치 하나님을, 필요할 때마다 약속을 꺼내서 사용할 수 있는 약속 상자처럼 대한다. 하나님께 이런 식으로 접근하니 죄를 다루기가 그토록 어려운 것도 무리는 아니다.

하나님은 자기계발을 위한 최신 공식이 아니다. 하나님은 자녀들 곧 당신과 우리 안에 거하시는 살아 계신 분이다. 하나님은 우리를 알고 우리 모든 행동과 삶에 참여하기를 원하신다. 다시 말해, 하나님은 진정한 관계를 원하신다. 시간이 갈수록 사랑이 식는 인간 성향으로 볼 때 예수님이 다음과 같이 말씀하실 만도 했다.

> 그러나 너를 책망할 것이 있나니 너의 처음 사랑을 버렸느니라 그러므로 어디서 떨어졌는지를 생각하고 회개하여 처음 행위를 가

> 지라 만일 그리하지 아니하고 회개하지 아니하면 내가 네게 가서 네 촛대를 그 자리에서 옮기리라(계 2:4-5).

다른 이스라엘 백성들과 달리 모세는 하나님을 멀리서 예배하는 데 만족하지 않았다. 그는 하나님이 나타나신 모습을 보고 뒷걸음을 치지 않았다. 그는 담대히 앞으로 나아갔다. "백성은 멀리 서 있고 모세는 하나님이 계신 흑암으로 가까이 가니라"(출 20:21). 알다시피 모세는 엄청난 영향력과 권세를 가진 사람이었다. 그는 3백만 백성의 리더요, 구약에서 가장 놀라운 기사와 기적에 참여했던 인물이다. 하지만 그는 그것만으로 만족할 수 없었다. 그가 그 놀라운 표적과 기적을 경험한 뒤에 어떤 기도를 드렸는지 보라.

> 내가 참으로 주의 목전에 은총을 입었사오면 원하건대 주의 길을 내게 보이사 내게 주를 알리시고 나로 주의 목전에 은총을 입게 하시며 … 주께서 친히 가지 아니하시려거든 우리를 이곳에서 올려 보내지 마옵소서 … 원하건대 주의 영광을 내게 보이소서(출 33:13-18).

창조주가 아닌 ——— 창조물을 찾는 사람들

하나님은 모세에게 실로 엄청난 제안을 하셨다. 생각해 보라. 하나님은 척박한 광야의 한복판에서 모세에게 백성들을 해방시켜 약속의 땅으로 데려가겠다고 말씀하셨다. 이 얼마나 엄청난 제안인가. 심지어 하나님은 그들을 안전하게 호위할 특별한 천사를 보내 주겠다는 제안까지 하셨다. 또 하나님은 모세에게 그 땅이 얼마나 좋은지도 설명해 주셨다. 젖과 꿀이 흐르고 어디를 보나 그림 같은 경치와 정원, 과수원이 가득한 땅이었다. 단 하나님은 친히 그들과 함께 가지는 않겠다고 말씀하셨다. 그 말씀에 모세는 하나님의 후한 제안을 거절했다. 사실상 그는 이렇게 말했다. "당신 없이 약속만 있느니 약속 없이 당신이 있는 편이 좋습니다." 하나님이 얼마나 기뻐하셨을지 상상이 되는가?

모세는 한 걸음 더 나아가 이렇게 간청했다. "원하건대 주의 길을 내게 보이사 내게 주를 알리시고"(출 33:13). 하나님을 알기 위해서는 그분의 '길'을 알아야 한다. 그런데 하나님은 그분의 능력이나 공급하심만이 아니라 그분의 마음을 찾는 사람들에게 그분의 길을 보여 주신다. 그리고 먼저 그분의 마음을 알면 그분의 능력 안에서 살 수 있다. "오직 자기의 하나님을 아는 백성은 강하여 용맹을 떨치리라"(단 11:32).

처음 목회를 시작했을 때 나는 거의 매일 아침 한두 시간씩 기도를 하고 하루를 시작했다. 당시 내 기도는 이런 식이었다. "하나님, 영혼을 구원하고 병자를 치유하고 귀신을 쫓아내는 데 저를 사용해 주십시오." 표현만 조금씩 달라졌을 뿐 내 기도의 큰 틀은 늘 그와 같았다. 그리고 나는 그런 기도를 드리는 나 자신이 너무도 이타적이라고 생각했다.

그러던 어느 날 하나님은 내게 충격적인 말씀을 하셨다. “아들아, 너의 기도는 이기적이고 잘못되었다.” 그 말씀에 나는 벌린 입을 다물 수 없었다. “이런 일을 하려는 너의 동기가 무엇이냐? 너는 계속 ‘저를’ 사용해 달라고 하는구나. 네 기도의 초점은 바로 ‘너’다. 내가 너를 창조한 주된 목적은 너를 통해 영혼을 구원하거나 귀신을 쫓아내거나 병자를 치유하는 것이 아니다. 나는 친밀함을 위해 너를 창조했다. 이것이 너의 목적이다.”

이어서 하나님은 놀라 정신을 차리지 못하고 있는 내게 평생 잊을 수 없는 뭔가를 깨우쳐 주셨다. 바로, 가룟 유다도 귀신을 쫓아내고 병자를 치유했다는 사실이다. 게다가 그 모든 일을 예수님의 이름으로 했다! 그렇다. 예수님은 열두 제자를 보낼 때 나중에 그분을 배신할 가룟 유다까지도 보내셨다. 내 초점은 철저히 잘못되어 있었다. 우리를 향한 하나님의 목적, 그리고 그분이 우리에게 주시는 하늘의 상급은 바로 ‘예수 그리스도를 아는’ 것이다(빌 3:10).

몇 년 뒤 아내가 한 모임을 준비하면서 나와 비슷한 기도를 드리고 있었다. 그때 하나님은 아내에게 이렇게 말씀하셨다. “나는 사람들을 ‘이용하지’ 않는다. 그들에게 기름을 붓고 그들을 치유하며 내 형상으로 변화시키지만 ‘이용하지는’ 않는다.” 그러고 나서 하나님은 이렇게 물으셨다. “친구에게 이용을 당해 본 적이 있느냐?”

“네.”

“기분이 어떠했느냐?”

“배신감을 느꼈습니다.”

하나님의 말씀이 계속되었다. “많은 목회자들이 오직 자신을 사용해 달라고만 내게 부르짖었다. ‘치유하는 일에 저를 사용해 주세요. 변화시키는 일에 저를 사용해 주세요. 구원하는 일에 저를 사용해 주세요.’ 그래서 그들의 마음을 얻을까 하여 그렇게 해 주었더니 그들은 목회에만 너무 바빠서 내겐 관심도 두지 않았다. 그들은 굳이 내 길을 배우려고 하지 않았다. 그저 내가 준 은사로 ‘자신들’의 제국만 키울 뿐이었다. 그러다 고난이 닥치자 그들은 나를 불렀다. 하지만 내가 그들이 원하는 때에 원하는 방식으로 기도에 응답해 주지 않자 낯빛이 변했다. 그들은 내게 이용을 당했다는 생각에 화를 냈다. 하지만 그것은 다 나를 알지 못해서 벌어진 오해다.”

남편을 개인적으로 알 마음은 전혀 없이 그저 자식을 낳기 위해서만 남편에게 다가가는 여자를 보면 어떤 생각이 들겠는가? 여자가 남편의 발치에 엎드려 애걸복걸한다. “여보, 제발, 당신의 아이를 낳는 데 ‘나를 사용해’ 주세요! 아이를 낳게 해 주지 않으면 죽을 거예요!” 황당하지 않는가? 하지만 자신은 하나님과 개인적인 관계를 맺지 않고서 ‘남들을 구원하는 일에 사용해 달라고’ 간청하는 것이 바로 이와 같다. 여인이 남편과 친밀한 관계를 맺을 때 아이도 자연스럽게 탄생하는 것처럼, 하나님과 친밀한 관계를 맺으면 이 모습을 본 다른 사람들이 복음을 받아들일 것이다.

이스라엘 백성들은 옳은 것을 추구하고 있지 않았다. 그들은 ‘창조주’보다 ‘창조된’ 것들을 찾고 있었다. 그 결과는 우리가 잘 알고 있다. 그들에게 광야는 다가올 난관을 맞을 지혜와 힘을 얻는 준비의 장소가 아니라 전혀 무익한 장소였다. 결국 그 땅에서 한 세대 전체가 스러졌다. 이 얼마나 낭비인가! 약속의 땅을 지척에 두고 말이다.

이 이야기에서 우리 모두는 교훈을 얻어야만 한다. 광야는 영광스러운 친밀함으로 가는 이 여행에서 반가운 기착지가 되어야 한다.

Survival TIP

광야에서 살아남기 위한 생존 팁 4

하나님 뜻을 최우선에 두라

처음 광야 경험들을 할 때 한번은 아무런 변화의 조짐이 보이지 않아 긍정적인 태도를 유지하기가 너무 힘들었다. 단지 기다림만 힘든 것이 아니었다. 기다리는 동안 겪은 고통으로 죽을 만큼 힘들었다. 하나님이 주신 여행과 설교의 꿈을 가로막는 상황에 지칠 대로 지쳤다. 이 광야를 사용해 나를 정련하고 계신다는 하나님의 말씀이 있기는 했지만 자꾸만 조바심이 났다. 그래서 어느 날 이 광야 길이 이토록 오래 걸리는 이유를 물었더니 하나님이 내게 중요한 사실을 일깨워 주셨다. "네가 나와 꿈 중에서 무엇을 찾고 있는지 알고 싶구나."

그 말씀에 정신이 번쩍 들었다! 내가 진정으로 추구하는 것은 복음을 온 세상에 전한다는 더없이 좋은 꿈인가? 아니면 내가 그보다도 훨씬 더 좋은 것, 즉 하나님이 가라고 말씀하실 때까지 믿고 기다리는 삶을 추구하고 있는가? 이런 삶을 살 때만이 진정으로 그분의 뜻에 순종할 수 있다.

그래서 당신에게 이런 조언을 해 주고 싶다. 하나님이 주신 놀라운 꿈이라 해도 그것을 하나님의 임재 안에 그분의 뜻대로 행하는 삶보다 더 중요하게 여기지 말라.

GOD, Where are you?!

Part 3

광야에 길을,
사막에 강을 내시다

너희는 이전 일을 기억하지 말며
옛날 일을 생각하지 말라 보라
내가 새 일을 행하리니 이제 나타낼 것이라
너희가 그것을 알지 못하겠느냐
반드시 내가 광야에 길을
사막에 강을 내리니
- 이사야 43장 18-19절

"만물을 새롭게 하는
당신의 새 포도주를 담는
부대들이 되게 하소서."
- 시리아의 에프렘(Ephrem the Syrian)

Chapter 5

새 포도주를 담는 부대

성령의 능력을 덧입다

하나님을 더욱 친밀하게 알기 위해서는 변화를 두려워하지 말아야 한다. 그리고 변화를 경험하기에 광야보다 더 좋은 곳은 없다. 더없이 메마르고 버려진 곳처럼 보이는 이곳에서 우리는 성령의 새로운 역사를 보게 된다.

많은 사람이 씨름하는 질문은 이것이다. "왜 변화하기 위해서 꼭 힘들거나 메마른 시기가 필요한가?" 이번 장에서 이 질문에 답해 보고자 한다.

메마름이
——— 필요한 이유

오래전 나는 18개월 동안 힘겨운 광야 여행을 마친 뒤에 중고등부 전도사로 임명되었다(그렇다. 아주 오래전 이야기다!). 당시 플로리다 주의 그 교회는 미국에서 가장 빠른 속도로 성장하는 교회 중 하나였다. 그렇게 큰 교회에서 전혀 경험도 없는 중고등부 목회를 하려니 앞이 캄캄했다. 하지만 하나님이 나를 보내셨다고 확신했고, 열심히 그분을 찾는다면 모든 일이 잘 풀릴 것이라고 생각했다.

이 교회의 중고등부 사역은 아이들에게 많은 유익한 활동을 제공하는 전통적인 모델을 바탕으로 이루어지고 있었다. 하지만 안타깝게도 많은 아이들이 영적으로 전혀 성장하지 않고 있었다. 그래서 나는 교육 전도사로 부임하자마자 회개와 거룩함, 순종, 주 되심에 관한 설교를 주로 하라는 성령의 음성을 느꼈다. 그래서 그것을 꾸준히 가르치고 전했더니 중고등부의 분위기가 극적으로 변하기 시작했다.

결과는 실로 놀라웠다. 불과 몇 달 만에 중고등부의 숫자가 세 배로 늘어났다. 갱단과 사이비 종교에 빠졌던 아이들이 빠른 속도로 예수님을 알아갔다. 믿음이 시들해졌던 기존 아이들 사이에서도 강력한 부흥의 불길이 일어났다. 모두가 하나님의 강력한 임재를 경험하며 그분과 점점 더 깊은 사랑에 빠졌다. 하나님은 우리의 노력에 크신 복을 더해 주셨다.

나는 댈러스에서 첫 광야 학교를 막 졸업한 터라 이제 내 인생에 다시 광야는 없을 것이라고 생각했다. 복음 전파의 소명에 본격적으로 뛰어들었으니 이제부터 쭉 탄탄대로만 있을 것이라 생각했다. 예수님이 광야를 한 번만 지나셨으니 나도 그럴 것이라 생각했다. 그 것이 얼마나 잘못된 생각이었는지. 내게 정화하고 강화해야 할 것은 아직도 많이 남아 있었다. 광야에서 배워야 할 것이 여전히 산재해 있었다. 결국, 내가 다음번에 방문한 광야는 이전 18개월은 어린애 장난처럼 보일 만큼 지독했다.

성령은 우리 교회 교육부의 리더들에게 많은 혁신적인 아이디어를 주셨다. 하늘에서 새로운 포도주를 부어 주실 때, 광야에서 준비 기간을 마친 뒤 하나님께 보내심을 받을 때, 이런 일이 일어난다. 성령은 우리에게 모세, 다윗, 요셉처럼 큰일을 행할 방법을 알려 주신다.

우리 중고등부의 성장은 실로 초자연적이었다. 하지만 이 모든 성공의 한복판에서 나는 우리 중고등부의 울타리 너머에 대한 거룩한 부담감을 강하게 느꼈다. 플로리다 주 중부의 다른 청소년들이 자꾸만 눈에 밟혔다. 그래서 그 문제를 놓고 기도하던 중에 묘안이 떠올랐다. '우리 중고등부 예배를 텔레비전으로 방송하면 어떨까?' 1980년대 중반인 당시에는 그것이 최고의 전도 방법이었다. 당시는 인터넷이나 SNS, 유튜브, 스마트폰 같은 것이 전혀 없었다. 결심한 나는 우리 지역의 한 유명 방송국이 4백만 명의 잠재 시청자를 보유하고 있다는 사실을 알아냈다. 놀랍게도 토요일 밤 10시에 방송 시간대가 비어 있었다. 그 시간이라면 십대들을 잡기에 딱 좋은 시간이라고 판단했다.

그 아이디어를 들고 담임목사를 찾아갔다가 일단 예산이 부족하다는 답변이 돌아왔다. 하지만 그에 대한 대비책도 이미 마련되어 있었다. 나는 우리 아이들을 동원해서 모금 활동을 펼치면 충분히 자금을 마련할 수 있다고 자신했다. 결국 담임목사가 허락했고, 곧바로 나는 아이들에게 마약과 술을 비롯한 온갖 문제에 빠져 있는 플로리다 주 중부의 청소년을 전도하자는 비전을 선포했다. 그러자 아이들은 그 비전에 열광적으로 반응했고, 신문 배달을 비롯한 여러 아르바이트로 십시일반으로 모으기 시작한 돈은 오래지 않아 목표 액수에 도달했다. 매주 토요일 밤 텔레비전 방송국을 통해 우리 예배 방송을 내보내기 시작할 만큼 충분한 돈이 모아졌다.

담임목사는 깜짝 놀라면서 하나님의 역사라고 인정했다. 이것은 새 포도주의 결과였다. 한 교회의 중고등부 예배가 토요일 밤 10시에 텔레비전으로 방송되는 것은 당시로서는 유례가 없던 일이었다. 결과는 대성공이었다. 곧 우리는 많은 영혼을 추수하기 시작했다. 우리가 '새 포도주'를 받아들이지 않았다면 복음을 듣지 못했을 영혼들이 속속 주님 앞으로 나아왔다. 내가 중고등부 전도사를 사임한 지 몇 년이 지나서도, 우리가 '타오르는 젊은이'(Youth Aflame)라고 부른 그 텔레비전 프로그램을 통해 변화된 사람들의 간증을 들을 수 있었다.

안전지대를 떠나
——— 성령이 이끄시는 곳으로 향하다

우리 중고등부 얘기는 잠시 후에 다시 하도록 하고, 먼저 새 포도주가 무엇이며 그것이 왜 중요한지에 관한 이야기부터 해 보자. 하나님이 이끄시는 변화는 쉽지 않은 경우가 많지만 항상 좋고, 큰 열매로 이어진다. 하지만 우리는 변화를 거부할 때가 많다. 우리의 편한 삶이 흔들리기 때문이다. 사람은 습관의 존재다. 그래서 한 가지 패턴이 정립되면 그것을 다시 조정하는 것은 여간 불편하지 않다. 하지만 하나님 나라를 더 효과적으로 건설하려면 변화에 늘 열려 있어야만 한다.

독실한 집안에서 자랐다면 신앙과 관련된 특정한 습관과 방법, 전통이 어릴 적부터 몸에 깊이 배었을 것이다. 물론 모든 전통이 나쁜 것은 아니다. 하지만 마음이 아닌 전통으로만 하는 신앙생활은 생명력 없는 기계적인 활동으로 전락할 수 있다.

그런 기계적인 활동은 심지어 종교적인 견고한 진으로 발전할 수도 있다. 종교로 퇴보한 사람은 겉으로는 경건의 모양을 갖추었지만 하나님이 과거에 '행하셨던' 일만을 꼭 부여잡은 채 하나님이 현재 '행하고 계신' 일을 거부한다.

바리새인을 비롯한 예수님 당시의 종교 지도자들이 이런 종류의 행동을 보였다. 그들은 아브라함의 자손이요 언약의 아들이며 모세의 제자들이라는 사실을 자랑했다. 그들은 하나님이 과거에 행하신 일에만 얽매여 바로 눈앞에 계신 하나님의 아들을 거부했다. 그들은 자신들의 전통과 예배 방식에 최고의 가치를 두었다. 그래서 예수님이 오셔서 자신들의 편안하고 안정된 입지를 온통 뒤흔드시자 그들은 심하게 반발했다. 예수님은 하나님을 그들의 틀에 맞추려고 하지 말라고 분명히 말씀하셨다. 그들이 하나님의 틀에 맞추어야 했다. 하지만 그들은 변화를 거부하고 전통을 고집했다.

종교적인 사람은 엘리트 의식으로 흐를 수밖에 없다. “하나님은 오직 우리를 통해, 그리고 우리 안에서만 역사하신다.” 이런 태도는 편견을 낳고, 가만히 놔두면 급기야 미움과 배신으로 치닫는다. 실제로 예수님 당시에 바로 그런 일이 벌어졌고, 그 뒤로도 교회 역사 내내 그런 일이 반복되었다.

믿음과 영광의 한 수준에서 다음 수준으로 변화되려면 자신의 안전지대를 떠나서 하나님의 영이 이끄시는 대로 갈 수 있어야 한다. 이 길은 대개 광야를 통과하며, 그 광야에서 하나님은 새 생명이 솟아나게 하신다.

이 패턴은 세례 요한의 삶 속에서 분명하게 나타났다. 그의 아버지는 제사장, 그것도 대제사장이었다. 원래대로라면 요한은 예루살렘의 학교에서 유명한 선생인 가말리엘에게 신학을 배운 뒤에 아버지처럼 제사장이 되었을 것이다. 그런데 어느 날 성령이 그를 광야로 부르셨다. 기도할수록 광야로 가야 한다는 생각이 점점 더 강해졌다. 필시 그의 내면에서 강한 갈등이 일어났을 것이다. ‘함께 자란 친구들은 다 신학교에 가겠지. 다들 학위를 따서 리더가 될 거야. 다들 안수를 받고 전국의 모든 회당에서 설교할 자격을 얻겠지. 그들이 나를 뭐라고 생각할까? 신학교에 가지 않으면 어떻게 내 운명을 이룰 수 있을까? 내 삶을 향한 소명이 있다는 건 알아. 아버지는 고위급 천사가 내 탄생을 선포하며 내가 목회자가 될 거라고 했다고 말씀하셨지. 하지만 이 광야로 가면 아무도 나를 알아주지 않을 거야. 아무도 나를 설교자로 불러 주지 않을 거야.’

하지만 광야로 가야 한다는 소명의식은 나날이 더 강하게 타올랐다. 그리하여 결국 요한은 마음속에서 빗발치는 온갖 의문을 물리치고 성령의 인도하심을 따르기로 결심했다. "아이가 자라며 심령이 강하여지며 이스라엘에게 나타나는 날까지 빈들에 있으니라"(눅 1:80). 요한이 겨우 6개월의 사역을 위해 어릴 적부터 광야 훈련을 시작하여 수년 간의 준비 기간을 거쳤다는 사실이 흥미롭다. 하지만 예수님은 그가 "여자가 나은 자 중에" 가장 위대한 선지자라고 말씀하셨다.

성경은 요한이 겪은 광야의 기한이나 횟수, 힘든 상황들에 관해서는 별 말이 없다. 대신 누가복음 3장 2절은 이렇게 말한다. "안나스와 가야바가 대제사장으로 있을 때에 하나님의 말씀이 빈들에서 사가랴의 아들 요한에게 임한지라."

안나스와 가야바가 망가진 종교 시스템 아래서 활동하는 동안 험난하고 메마른 곳에서 새 부대가 형성되고 있었다는 사실이 흥미롭다. 광야는 새 포도주가 드러나는 곳이다.

하나님은 당시의 공인된 '신학교'가 아닌 광야에서 요한을 준비시키셨다! 그 결과는 어떠했는가? 광야에서 요한이 전하는 하나님의 말씀을 듣기 위해 유대와 예루살렘 전역에서 사람들이 구름떼처럼 몰려왔다. 성령의 새 바람이 불기 시작했다. 새 포도주가 '종교적인 장소'가 아닌 '광야'에서 따라지고 있었다. 종교적인 위선자와 전통에 신물이 난 사람들이 하나님 아들의 등장을 준비하기 위해 기꺼이 변화를 선택한 요한에게로 찾아왔다.

그리고 얼마 후 예수님이 요한에게 세례를 받기 위해 요단강에 찾아오셨다. 요한은 감히 예수님께 세례를 베풀 자격이 없다고 생각했지만 그분의 명령에 따를 수밖에 없었다. 예수님 사역이 당시 성령이 이 땅에서 행하고 계신 역사로부터 탄생해야 했기 때문이다. 세례 후 예수님은 성령으로 충만해지셨고, 그 즉시 광야로 이끌리셨다.

성경은 예수님이 광야로 이끌리실 때는 성령으로 '충만'했지만 광야에서 40일간 시험을 받은 후에는 성령의 '능력'을 품고 돌아오셨다는 점을 매우 분명하게 지적한다. 이제 예수님은 이 땅에 오신 목적인 사역을 이룰 준비가 되셨다. 요한이 사역한 지 불과 몇 달이 되지 않아, 광야에서 또다시 새로운 사역이 탄생했다. 바로, 예수 그리스도의 사역이 시작된 것이다.

방식이 초점이 된다는 실수를 저지르다

예수님이 사역을 시작하신 지 얼마 되지 않아 성경은 이렇게 말한다.

> 그들이 예수께 말하되 요한의 제자는 자주 금식하며 기도하고 바리새인의 제자들도 또한 그리하되 당신의 제자들은 먹고 마시나이다(눅 5:33).

여기서 우리가 던져야 할 첫 번째 질문은 "'그들'은 누구인가?"다. 답은 마태복음에서 찾을 수 있다. "그때에 요한의 제자들이 예수께 나아와 이르되…"(9:14). 오랫동안 나는 '그들'이 바리새인들이었다고 생각했다. 하지만 '그들'이 세례 요한의 제자들이었다는 사실을 발견한 날, 성경의 이 부분을 전혀 다른 시각으로 보게 되었다. 이 사람들이 화가 난 것은 자신들은 자주 오랫동안 금식하며 기도하는데 예수님의 제자들은 그렇지 않았기 때문이다. 고생은 요한의 제자들이 다 하는데, 관심은 예수님의 제자들이 독차지하고 있었다.

요한 시대에 금식은 성령이 역사하시는 주된 방법이었다. 하지만 이 요한의 제자들은 스승의 사역 패턴에서 '현재' 성령이 역사하시는 방식으로 넘어가지 못했다. 그들은 자신들의 사역 및 예배 '방식'이 성과의 열쇠였다고 착각했다. 그들은 세례 요한을 따르기 위해 가족을 버리고 광야에서 곤충으로 연명하는 식의 큰 대가를 치렀다. 그런데 이제 그들의 스승은 감옥에 갇혔고 새로운 인물이 나타났다. 그의 제자들은 더 이상 규칙을 따르지 않고 제멋대로 굴었다. 요한의 제자들은 기분이 상해 종교적인 정신에 빠질 위험에 처해 있었다.

명심하라. 종교적인 정신에 빠진 자들은 언제나 하나님의 지난 역사만 붙들고 현재 역사는 거부한다. 요한의 제자들은 하나님이 '지금' 하시는 말씀과 역사보다 스승에 대한 충성과 그 제자로서의 마땅한 행동 패턴을 더 중시하고 있었다. 그들의 초점은 더 이상 하나님 마음이 아니었다. 이제는 '방식'이 그들의 초점이 되어 버렸다. 한때는 그 방식이 그들을 하나님의 마음으로 이끌었을지 몰라도 지금은 아니었다.

교만과 미움이 불같이 일어나기 시작했다. 요한의 제자들은 자신들의 사역에 막대한 시간을 쏟았다. 아마 돈도 적잖이 투자했으리라 생각된다. 그런데 그렇게 고생해서 이루고 얻은 것이 위태롭게 되었다. 그래서 그들은 이를 악물고 변화를 거부했다. 자신들의 스승이 예수님에 관해 "그는 흥하여야 하겠고 나는 쇠하여야 하리라"라고 말했던 것을 까마득히 잊어버리고서 말이다(요 3:30).

예수님이 그들에게 어떻게 대답하셨는지 보라. "혼인 집 손님들이 신랑과 함께 있을 때에 너희가 그 손님으로 금식하게 할 수 있느냐?"(눅 5:34) 예수님은 사실상 이런 말로 그들의 종교적인 방식을 지적하셨다. "하나님의 아들이 너희 가운데 서 있는데 왜 금식을 해야 하느냐? 너희가 하나님에게서 뭔가를 필요로 하는 것이 있다면 그저 내게 오기만 하면 된다." 종교적 사고방식에 젖은 그들은 금식 같은 종교적 행위를 통해 하나님의 복을 얻어내야 한다고 믿게 되었다. 그들은 금식을, 하나님께로 가기 위한 수단으로 보았다. 그래서 자신들이 금식(혹은 그 외의 종교적 행위)을 하지 않는 사람들보다 우위에 있다고 생각했다. 다시 말해, 교만이 싹튼 것이다. 열매를 맺기 위한 방법이 열매보다도 더 중요해졌다.

금식에는 유익이 있지만 금식은 하나님에게서 뭔가를 얻어내기 위한 방법이 아니라 하나님의 음성을 더 잘 듣기 위해 자신을 준비시키는 방법이다. 그런데 하나님이 바로 옆에 계신데 하나님의 음성을 듣기 위해 금식을 해야 할 필요가 무언가. 누가복음 5장 34-35절을 다시 보라. "예수께서 그들에게 이르시되 혼인 집 손님들이 신랑과 함께 있을 때에 너희가 그 손님으로 금식하게 할 수 있느냐 그러나 그날에 이르러 그들이 신랑을 빼앗기리니 그날에는 금식할 것이니라."

예수님은 그들이 그날에 금식할지도 모른다고 말씀하시지 않았다. 예수님은 그들이 그날에 금식할 것이라고 말씀하셨다. 그들은 음식을 먹지 않는 금식만 생각했지만 여기서 예수님은 전혀 다른 금식을 말씀하신 것이다. 이 금식은 신랑을 빼앗기는 날 하게 될 금식이다. 따라서 예수님은 음식만이 아니라 그분의 임재에 대한 금식을 말씀하신 것이다. 우리가 이것을 알 수 있는 것은 예수님이 곧이어 비유로 이 점을 설명해 주시기 때문이다. 광야의 정의 중 하나가 하나님의 가시적인 임재가 없는 상태라는 점이 기억나는가?

새 포도주는 ——— 새 가죽이 필요하다

이제 예수님이 이 점을 설명하기 위해 말씀해 주신 비유를 보자.

> 새 포도주를 낡은 가죽 부대에 넣는 자가 없나니 만일 그렇게 하면 새 포도주가 부대를 터뜨려 포도주가 쏟아지고 부대도 못쓰게 되리라(눅 5:37).

성경에서 포도주는 하나님 임재의 상징이다. 예를 들어, 바울은 에베소서 5장 18절에서 이렇게 말했다. "술 취하지 말라. 이는 방탕한 것이니 오직 성령으로 충만함을 받으라." 우리는 하나님의 임재라는 포도주에 취해야 한다! 새 포도주는 바로 성령의 새로운 역사다.

이 중요한 문제를 다시 간단히 정리해 보겠다. 처음 성령으로 충만해졌을 때 얼마나 놀랍고 감격스러웠는지 기억나는가? 기도할 때마다 즉시 하나님의 임재가 분명히 감지되고 하루 종일 하나님이 가까이 느껴졌다. 가끔 교회에서 하나님이 너무 가까이 느껴져 하염없이 눈물이 흐른다. 그런데 어느 날부터 하나님의 임재가 전처럼 쉽게 느껴지지 않는다. 전과 똑같이 기도하는데 자꾸만 "하나님, 어디에 계십니까?"라고 묻게 된다. 다시 말해, 광야에 도착했다!

신앙생활을 하다보면 이런 광야 기간 혹은 하나님의 임재를 금식하는 기간을 지나게 된다. 이 시기는 하나님이 우리를 새 가죽 부대로 준비시키시는 기간이다. 성령의 새로운 역사인 새 포도주를 낡은 가죽 부대에 넣을 수는 없다.

예수님 당시에 사용되던 가죽 부대는 양가죽으로 만들었다. 포도주를 처음 넣을 때 가죽 부대는 신축성이 좋다. 포도주의 양이 늘어나는 대로 저항 없이 쉽게 늘어난다. 하지만 세월이 갈수록 중동의 날씨가 수분을 앗아가 바삭하고 딱딱해진다. 이제 낡은 포도주를 따라내고 새 포도주를 부으면 이전만큼 신축성이 없어서 새 포도주의 무게나 발효 작용을 견뎌낼 수 없이 쉽게 찢어진다. 그래서 낡은 가죽 부대를 며칠 동안 물속에 담갔다가 올리브유로 문질렀다. 그러면 가죽 부대의 신축성이 돌아왔다.

이것은 우리에게 일어나는 현상을 상징한다. 우리는 영적 새 포도주를 담는 가죽 부대이기 때문이다. 우리는 하나님의 임재를 품은 자들로 부름을 받았다. 그런데 우리가 사는 이 세상은 하나님의 길에 순응하는 신축성을 앗아갈 수 있다. 지금 우리는 천국이 아닌 세상이라는 타락한 환경 속에서 살고 있다. 따라서 우리의 마음을 새롭게 해야 한다. 우리의 가죽 부대가 언제라도 새로운 포도주를 담을 수 있게 신축성을 유지하려면 하나님의 말씀에 푹 담가져야 한다. 바울은 에베소서 5장 26절에서 이렇게 말했다. "(예수님이 교회를) 물로 씻어 말씀으로 깨끗하게 하사 거룩하게 하시고." 가죽 부대를 올리브유로 문지르는 방법 중 하나는 기도 가운데 하나님을 찾는 것이다. 말씀과 기도로 하나님과 시간을 보낼 때 우리의 마음이 새로워져서 더 이상 우리의 길과 방식을 고집하지 않게 된다.

단, 낡은 가죽 부대를 새롭게 하려면 먼저 낡은 포도주를 버려야 한다! 이는 가죽 부대에서 포도주가 없어진다는 뜻이다. 하나님의 가시적인 임재가 사라진다는 뜻이다. 하나님의 가시적인 임재를 금식해야 한다는 뜻이다. 이 책의 표현을 사용하자면, 메마른 시기를 경험해야 한다는 뜻이다. 이 시기에 우리는 '변화'를 준비하게 된다.

왜 하나님은 가시적인 임재를 거두실까? 우리에게 좌절감을 심어 주기 위해서일까? 설령 우리가 좌절한다 해도 그것은 전혀 하나님의 뜻이 아니다. 하나님이 우리를 다시 필요로 할 때까지 선반 위에 놓으시려는 것일까? 그것도 아니다. 하나님이 임재를 거두시는 것은 우리로 하여금 그분을 더 열심히 찾게 만들기 위해서다. 그렇게 하다 보면 우리는 다시 유연하고 순종적인 상태로 돌아간다. 경직되고 고집 센 사람들은 하나같이 하나님을 찾기를 그만둔 사람들이다. 그들은 자신만의 방식에 갇힌다. 그들은 과거에는 진정한 경험들을 했지만, 그 경험들을 토대로 스스로 고안한 공식들의 틀에 갇힌 것이다.

이것이 세례 요한을 따르던 이 사람들의 상태였다. 그들은 하나님이 세례 요한을 통해 강하게 역사하시는 모습을 봤기 때문에 그에게 모든 것을 걸게 되었다. 그런데 그들은 하나님에 대한 친밀한 앎이라는 하늘의 상을 향해 계속해서 나아가지 않고 자신들의 신념과 방식 안에 갇히고 말았다.

하나님의 역사 하나하나에는 새로운 가르침이 담겨 있다. 이 가르침과 건전한 교리는 우리를 하나님의 마음으로 이끄는 도구다. 하지만 가르침이나 교리 자체에 집착하면 그것이 결국 우리를 종교적인 속박이나 율법주의 오류, 혹은 셋 다로 이끈다.

경직된 방식으로서의 예배를 통해서는 하나님을 알 수 없다. 하지만 너무도 많은 그리스도인들이 부지불식간에 그런 신앙생활에 빠져든다. 그들은 자신만의 고정된 예배 패턴과 단계, 형식을 정착시킨다. 그러고 나서 마침내 모범 그리스도인이 되기 위한 지식을 갖추고 나면 더 이상 하나님을 '찾지' 않고 스스로 개발한 패턴이나 전통에 안주한다. 하지만 교리대로 완벽히 실천하는데도 내면은 공허하기 짝이 없다. 예레미야서는 이렇게 말한다.

> 너희가 내게 부르짖으며 내게 와서 기도하면 내가 너희들의 기도를 들을 것이요 너희가 온 마음으로 나를 구하면 나를 찾을 것이요 나를 만나리라(렘 29:12-13).

기도 자체만으로는 하나님을 만나기에 충분하지 않다. 종교적 공식에 갇혀 있으면서도 열심히 기도하는 사람이 정말 많다. 하나님은 기도 가운데 그분을 열심히 '찾는' 모습이 있어야 한다고 말씀하신다. 여기서 '찾는' 것은 단순히 형식적인 노력을 말하는 것이 아니다. 강한 열망과 하나님의 마음을 찾는 모습이 있어야 한다. 이것이 하나님이 히브리서 11장 6절에서 이렇게 말씀하신 이유다. "하나님께 나아가는 자는 반드시 그가 계신 것과 또한 그가 자기를 찾는 자들에게 상 주시는 이심을 믿어야 할지니."

이제 예수님의 말씀을 다시 보자.

> 새 포도주를 낡은 가죽 부대에 넣는 자가 없나니 만일 그렇게 하면 새 포도주가 부대를 터뜨려 포도주가 쏟아지고 부대도 못쓰게 되리라 새 포도주는 새 부대에 넣어야 할 것이니라 묵은 포도주를 마시고 새 것을 원하는 자가 없나니 이는 묵은 것이 좋다 함이니라(눅 5:37-39).

낡은 포도주에 익숙해진 사람은 금세 새 포도주를 원하게 될 수 없다. 여기서 키워드는 '금세'다. 왜냐하면 인간은 습관과 패턴의 존재이기 때문이다. 하나님은 '낡은 포도주'를 비워 '아무런 포도주도 없는' 메마른 준비 기간을 거치게 하신다. 하나님이 그렇게 우리의 안전지대를 깨뜨리셔야 우리는 '새 포도주'를 원하게 될 수 있다. 목이 마른데 마실 것이 하나도 없으면 "새 포도주는 싫어, 나는 낡은 포도주가 좋아"라고 불평할 리가 없다. 하나님의 임재와 능력을 갈망하면 성령의 새 역사를 기꺼이 받아들이게 된다. 광야에서는 다윗처럼 고백할 수밖에 없다.

> 하나님이여 주는 나의 하나님이시라 내가 간절히 주를 찾되 물이 없어 마르고 황폐한 땅에서 내 영혼이 주를 갈망하며 내 육체가 주를 앙모하나이다 내가 주의 권능과 영광을 보기 위하여 이와 같이 성소에서 주를 바라보았나이다(시 63:1-2).

다윗은 하나님의 능력과 임재를 갈망했다. 그 결과, 부르심을 받은 일을 해야 할 때가 오자 그 일을 하나님이 원하시는 방식으로 할 수 있었다. 하나님의 뜻이 아닌 자신의 방식대로 일을 처리했던 사울 왕과는 전혀 달랐다.

낡은 포도주를 ——— 마르게 하시다

이번 장의 첫머리에서 밝혔듯이 내가 처음으로 제대로 된 설교 사역을 한 것은 중고등부 전도사로 부임해서다. 텔레비전 목회는 엄청난 성공을 거두었다. 그 성공을 발판으로 우리는 지역에서 두 번째로 인기 있는 일반 방송국을 통해서도 라디오 방송을 내보내게 되었다. 모든 일이 일사천리로 풀렸다.

그러던 어느 날, 기도하던 중에 성령은 내게 변화가 다가오고 있다고 말씀하셨다. "너는 중고등부 전도사를 사임하게 될 것이다. 동쪽에서 서쪽까지, 캐나다 국경에서 멕시코 국경까지, 알래스카에서 하와이까지 수많은 도시의 수많은 교회와 집회로 너를 보낼 것이다."

이 사실을 아내에게 알렸고, 우리 둘은 이 사실을 다른 주에 사는 친한 목사 외에는 아무에게도 알리지 않고 가슴 속에만 품고 있었다. 하나님이 약속하신 일이니 내가 나서지 않아도 어련히 이루어 주실 줄 믿었다.

그런데 1년이 넘도록 아무런 일이 일어나지 않았다. 그 기다림의 시간 동안 하나님의 임재 속으로 들어가기가 점점 어려워지더니 언제부터인가 그것이 아예 불가능하게 느껴졌다. 전에 없이 열심히 기도했지만 여전히 변화의 조짐은 눈에 들어오지 않았다. 뿐만 아니라, 우리 중고등부를 향해 품었던 비전마저 점점 희미해져만 갔다(낡은 포도주가 비워지고 있었다). 기도할수록 그 비전은 멀어져 갔다. 외적으로는 아무런 변화가 없었지만 내적으로는 중고등부 사역의 열망이 시들고 있었다.

중고등부 예배가 시작되기 전마다 열정을 달라고 몇 시간씩 기도했고, 두어 번은 다른 사람을 설교단에 세워 주시길 하나님께 간청하기도 했다. 하지만 결국 공허한 채로 예배실로 향했다. 그래도 사역하는 동안은 하나님의 임재가 담요처럼 나를 감쌌다. 하지만 예배를 마치고 집으로 돌아오는 길에 하나님의 임재는 사라져서, 다시 한 주간 감감무소식이었다.

게다가 한 번도 겪지 못한 내적, 외적 시련이 꼬리를 물었다. 결국, 내가 뭔가 단단히 잘못한 것이 아닌가 싶어 생각나는 모든 죄를 고백했는데도 나의 메마름은 가실 줄 몰랐다.

하루는 내가 정확히 무슨 죄를 지었는지 한참 고민하고 있는데 하나님의 음성이 들려왔다. "네가 이 광야에 있는 것은 죄를 지었기 때문이 아니다! 나는 다가올 변화를 위해 너를 준비시키는 중이다."

하나님은 내 안에 다음 단계의 사역을 감당할 인격을 기르고 계셨다.

이사야 말씀을 보라.

> 너희는 이전 일을 기억하지 말며 옛날 일을 생각하지 말라. 보라. 내가 새 일을 행하리니 이제 나타낼 것이라 너희가 그것을 알지 못하겠느냐 반드시 내가 광야에 길을 사막에 강을 내리니(사 43:18-19).

하나님이 그분의 타이밍에 '다가올 변화'의 구체적인 사항들을 기적적으로 보여 주신 이야기는 뒤에 가서 소개하도록 하겠다. 어쨌든 하나님은 내 인생에서 가장 혹독한 광야 시기 동안 나의 전국적인, 나아가 세계적인 사역의 탄생을 준비하고 계셨다.

하나님이 당신의 '낡은' 포도주를 마르게 하실 날이 올 것이다. 그것은 새 것이 찾아오고 그와 함께 시련이 닥쳐도 당신이 옛 것을 그리워하지 않게 만드시기 위함이다.

Survival TIP

광야에서 살아남기 위한 생존 팁 5

광야는 잠시 머무르는 곳이다. 언제든 떠날 준비를 하라

광야는 지나가는 임시 거처라는 사실을 절대 잊지 말라. 광야에 머무는 동안에는 텐트에 살라. 절대 집은 짓지 말라!

비록 이스라엘 백성들이 광야에서 수십 년을 헤맸지만 그것은 결코 하나님의 계획이 아니었다. 하나님은 최대한 적당한 곳을 찾아 정착하라고, 그만 현실에 순응해서 집을 지으라고 명령하시지 않았다. 이스라엘 백성들은 구름이 움직이면 언제라도 말뚝을 뽑고 이동할 수 있도록 텐트에서 살았다. 광야는 목적지가 아닌 임시적인 기착지였다. "봐, 광야도 그렇게 나쁘진 않잖아. 꼭 약속의 땅에 가야 할 필요가 뭐가 있어? 그냥 여기 너희와 나를 위해 기초를 박고 적당한 집을 짓도록 하자." 하나님은 이렇게 말씀하신 적이 없었다. 심지어 하나님도 광야길 내내 텐트에서 지내셨다.

캠핑이 잠깐은 재미있을지 몰라도, 사람은 야외가 아닌 진짜 집에서 살아야 한다. 광야가 임시적인 장소라는 사실을 잊어버리고 그곳에 기초를 놓지 마라. 언제라도 짐을 꾸려 이동하고, 결국 낡은 텐트를 완전히 창고에 넣을 준비를 하라.

형제들아 나는 아직 내가 잡은 줄로 여기지 아니하고
오직 한 일 즉 뒤에 있는 것은 잊어버리고
앞에 있는 것을 잡으려고 푯대를 향하여
그리스도 예수 안에서 하나님이 위에서
부르신 부름의 상을 위하여 달려가노라
- 빌립보서 3장 13-14절

어떤 이들은 과거의 묵은 문제들을 모두 곱씹은 다음,
미래에 더 많은 문제가 나타날 것이라고
예상하며 평생 휘청거리며 살아간다.
- D. L. 무디(Moody)

Chapter 6

하늘의 상

물든 세상 사고방식을 벗다

사도 바울은 신약 서간문의 3분의 2를 쓰고 많은 이방 교회를 개척한 인물이다. 그의 사역은 온 세상에 미쳤다. 그런데도 말년에 그는 "내가 잡은 줄로 여기지 아니하고"라고 말했다. 그는 여전히 만족할 줄 몰랐다. 그는 자신의 경주를 마쳐 하늘의 상을 받기 전까지는 결코 만족할 수 없었다.

인생의 단계를 거치며
——— 버려야 할 것들

우리가 경주를 무사히 마치고 상을 받기 위해서 가장 먼저 해야 할 것은 우리가 아직 완성되지 못했다는 생각을 품는 것이다. 우리는 아직 완벽하지 않다. 계속해서 변하고 성장해야 한다.

모세도 실로 대단한 인물이었다. 놀라운 소명을 품고 이스라엘 백성을 이끌었으며 구약의 누구보다도 많은 기적에 참여했다. 그런데도 하나님은 모세가 세상에서 가장 온순한(가장 배움에 열려 있는) 사람이라고 말씀하셨다. 모세는 스스로를 완성된 사람으로 보지 않고, 경주를 마쳐 하늘의 상을 받기 위해 계속해서 달려갔다. 성장하고 변하려면 더 배워야 한다는 마음가짐이 필요하다.

우리가 경주를 잘 마치기 위해 두 번째로 해야 하는 것은 "뒤에 있는 것(성공과 실패)은 잊어버리는" 것이다. 하나님이 이사야 43장 18-19절에서 하신 말씀을 다시 보자.

> 너희는 이전 일을 기억하지 말며 옛날 일을 생각하지 말라 보라 내가 새 일을 행하리니 이제 나타낼 것이라 너희가 그것을 알지 못하겠느냐 반드시 내가 광야에 길을 사막에 강을 내리니(사 43:18-19).

지난 실패나 거부, 죄를 계속해서 곱씹으면 그리스도 안에서의 전진이 방해를 받는다. 하지만 지난 '성공'도 실패에 못지않게 우리의 발목을 잡는 요인이다. 자신을 과신하고 지난 성취의 힘으로 살아가면 하나님이 지금 하시려는 일을 놓치고 만다. 바로 이것이 이사야 43장의 의미다. 물론 지난 성과도 하나님의 역사다. 하지만 계속 전진해서 하나님이 새롭게 주실 일을 완수하려면 그분이 과거에 역사하신 방식을 떠날 수 있어야 한다. 그렇지 않으면 낡은 가죽 부대로 전락하고 만다.

사도 바울도 이 진리를 강조했다.

> 내가 어렸을 때에는 말하는 것이 어린아이와 같고 깨닫는 것이 어린아이와 같고 생각하는 것이 어린아이와 같다가 장성한 사람이 되어서는 어린아이의 일을 버렸노라 우리가 지금은 거울로 보는 것 같이 희미하나 그때에는 얼굴과 얼굴을 대하여 볼 것이요 지금은 내가 부분적으로 아나 그때에는 주께서 나를 아신 것 같이 내가 온전히 알리라(고전 13:11-12).

어린아이는 비정상이 아니다. 단지 미성숙할 뿐이다. 다섯 살 때 내 세상은 장난감이 전부였고, 나의 가장 큰 성취는 알파벳을 읽는 것이었다. 나는 삶의 복잡하고 넓은 측면들을 다룰 만큼 성숙하지 못했기 때문에 흐릿한 안경으로 삶을 바라보았다.

열여덟 살이 되자 장난감들은 과거의 것들이 되었다. 이제 꽤 오랜 세월 동안 성숙의 과정을 거쳤기 때문에 예전만큼 흐릿한 안경으로 세상을 보지 않았다. 세상을 이해하는 수준이 훨씬 높아졌다.

열여덟 살이 다섯 살처럼 행동하면 비정상이다. 사람은 성장할수록 더 이상 통하지 않는 이전의 유치한 방식과 생각을 버려야 한다.

마찬가지로, 인생의 단계들을 거치며 신앙적으로 성장하면 이전의 미성숙한 것들을 버려야 한다. 바울은 지금은 우리가 하나님의 길과 영광을 희미하게 보지만 하늘의 상을 좇을수록 점점 더 분명하게 보다가 결국 하나님을 대면하기에 이른다고 말했다. 다시 말해, 하나님이 우리를 아시는 수준으로 우리도 그분을 알게 될 것이다!

그렇다면 바울이 언급한 하늘의 상은 무엇인가? 이전 구절에 답이 있다.

> 내가 그리스도와 그 부활의 권능과 그 고난에 참여함을 알고자 하여 그의 죽으심을 본받아(빌 3:10).

하나님이 주시는 하늘의 상은 그분의 아들 예수 그리스도의 형상을 본받는 것, 곧 그분이 우리를 아시는 수준으로 우리도 그분을 알게 되는 것이다! 이 목표를 이루기 전까지는 만족하지 말아야 한다. 그때까지 하나님의 마음을 찾는 노력을 멈추지 말아야 한다.

우리가 하늘의 상을 추구하기 위해 해야 할 세 번째 일은 "푯대를 향하여 계속해서 나아가는" 것이다. "계속해서"라는 말은 저항과 압박을 만나게 된다는 뜻이다. 우리가 하나님을 아는 것을 반대하는 힘들이 있다.

사탄에게 가장 큰 위협은 예수 그리스도의 형상을 본받은 사람이다. 그래서 어둠의 세력은 무엇보다도 우리가 그렇게 되지 못하도록 필사적으로 저항할 것이다. 성도가 그리스도의 형상을 본받으면 자신에 대해서는 죽고 오직 자기 안에 사시는 분을 통해 산다. 그렇게 되면 그는 그리스도 안에서 더 풍성하고 능력 있는 삶을 살게 된다. 이것이 바울이 그리스도를 알기 위해서 그분의 고난에 참여해야 한다고 말한 이유다. 육체의 고난은 자아의 죽음을 낳고, 이어서 부활의 생명을 가져온다. 베드로의 말을 들어보자.

> 그리스도께서 이미 육체의 고난을 받으셨으니 너희도 같은 마음으로 갑옷을 삼으라 이는 육체의 고난을 받은 자는 죄를 그쳤음이니 그 후로는 다시 사람의 정욕을 따르지 않고 하나님의 뜻을 따라 육체의 남은 때를 살게 하려 함이라(벧전 4:1-2).

육체의 고난을 받은 사람은 더 이상 자신의 뜻을 고집하지 않고 세상의 악한 것들을 추구하지 않는다. 이제 그는 자기 안에서 역사하시는 그리스도의 성품을 품고 있다. 바로 이것이 우리가 추구해야 할 목표다.

그리스도와 함께 ——— 고난을 받다

그리스도의 고난은 무엇인가? 많은 사람이 이것을 오해한다. 그것은 일부 종교적 가르침들이 이 성경적인 용어를 왜곡시켰기 때문이다. 고난은 질병으로 죽어가는 것이나 생활비가 없는 것이 아니다. 고난은 우리의 희생으로 하나님을 감동시키기 위해 몇 주간 곡기를 끊는 것이 아니다. 고난은 희생이 아니라 순종이다. 히브리서 기자는 그리스도의 고난을 분명히 정의해 준다.

> 그는 육체에 계실 때에 자기를 죽음에서 능히 구원하실 이에게 심한 통곡과 눈물로 간구와 소원을 올렸고 … 그가 아들이시면서도 받으신 고난으로 순종함을 배워서(히 5:7-8).

예수님도 인간으로 태어나면서 순종을 다시 배우셔야 했다. 그분은 쉽지 않은 상황에서 아버지께 순종함으로 순종을 배우셨다. 그분은 자신의 순종이 장기적으로 온 인류에게 큰 유익이 될 줄 아셨다. 베드로는 진정한 고난을, 인간의 정욕과 상반된 하나님의 뜻에 따라 사는 것으로 정의했다(벧전 4:2).

'그리스도의 고난'은 우리의 정신이나 감정, 육체적 감각이 편안이나 타협, 쾌락의 길로 끌릴 때 이를 악물고 하나님 길로 가는 것을 의미한다. 대개 이런 고난은 하나님이 어떤 길로 가라고 말씀하시는데 친구나 가족, 동료 같은 다른 사람들이 다른 길로 가라고 부추길 때 찾아온다. 안타깝게도 가장 가까운 사람들에게서 이런 저항이 나타날 때가 특히 더 많다. 좋은 예가 베드로가 예수님의 죽음과 장사를 반대한 사건이다.

> 이때로부터 예수 그리스도께서 자기가 예루살렘에 올라가 장로들과 대제사장들과 서기관들에게 많은 고난을 받고 죽임을 당하고 제 삼일에 살아나야 할 것을 제자들에게 비로소 나타내시니 베드로가 예수를 붙들고 항변하여 이르되 주여 그리 마옵소서 이 일이 결코 주께 미치지 아니하리이다 예수께서 돌이키시며 베드로에게 이르시되 사탄아 내 뒤로 물러가라 너는 나를 넘어지게 하는 자로다 네가 하나님의 일을 생각하지 아니하고 도리어 사람의 일을 생각하는도다 하시고(마 16:21-23).

예수님은 하나님께 순종하기 위해 예루살렘에 가서 고난을 받고 죽임을 당하고 나서 사흘 뒤에 부활하실 것이라는 사실을 제자들에게 알리셨다. 필시 베드로는 예수님의 말씀에서 '부활'에 관한 대목을 듣지 못한 것이 분명하다. 그렇지 않고서야 다가올 죽음에 관한 예수님의 말씀에 그토록 과하게 반응했을 리가 없다.

그 순간, 베드로의 머릿속에 어떤 생각이 흘렀을지 뻔하다. '잠깐, 선생님은 메시아시잖아요. 하나님의 나라를 건설하고 이스라엘을 재건할 몸이시잖아요. 저는 선생님만 믿고 직장이며 가정까지 다 버리고 선생님을 따랐어요. 선생님을 따르느라 친구들도 다 버렸어요. 그야말로 선생님께 제 인생을 통째로 걸었어요. 선생님 덕분에 악명도 얻었고요. 회당의 지도자들은 하나같이 선생님이 미쳤다고 말해요. 신문과 잡지마다 온통 선생님을 논란의 인물로 소개하고요. 선생님은 요즘 언론의 중심에 서 있어요. 기존의 신학자들과 리더들이 하나같이 선생님을 이단 취급해요. 이런 마당에 죽는다고요? 그럼 저는 어떻게 되는 건가요? 선생님을 따르기 위해 투자한 제 삶은 어떻게 하고요? 그럼 제겐 악명 외에 아무것도 남지 않게 됩니다.'

베드로는 그런 생각을 하다가 불쑥 말했다. "주님, 안 돼요. 그렇게 하시면 안 돼요!"

그 즉시 예수님은 베드로의 생각이 이기적이고 세상적이라는 점을 지적하셨다. 베드로는 하나님의 눈으로 상황을 보고 있지 않았다. 세상은 사탄(고린도후서 4장 4절의 "이 세상의 신")의 세뇌로 인해 자신의 유익만을 추구하고 있다.

하지만 하나님의 나라는 정반대다. 따라서 하나님의 뜻을 이루려면 세상의 흐름을 역행해야 한다. 심지어 '주 안에서의 형제자매'라도 세상에 깊이 물든 사람이라면 경계해야 한다. 베드로는 악한 사람이 아니었지만 당시 그의 생각은 그리스도가 아닌 세상으로 향해 있었다. 그는 자신이 품었던 계획을 내려놓기를 거부하고 있었다.

멈추지 말고 ——— 나아가라

또 다른 예는 이스라엘 자손들이 가나안 땅을 정탐한 사건에서 찾아볼 수 있다. 그들이 광야에 들어온 지 1년쯤 되었을 때 하나님은 모세에게 약속의 땅을 정탐할 사람들을 보내라고 명령하셨다. 이에 모세는 각 지파에서 한 명씩, 총 열두 명을 차출했다. 여호수아와 갈렙도 그 정탐 팀에 포함되었다.

이윽고 정탐꾼들이 정탐을 마치고 돌아왔는데 이상하게도 그들의 보고가 완전히 판이한 두 부류로 갈렸다. 무엇을 보았고 어떤 행동을 취해야 하는지에 관한 이야기가 서로 너무 달랐다. 열 명의 정탐꾼은 다음과 같은 보고서를 내놓았다.

> 그 땅 거주민은 강하고 성읍은 견고하고 심히 클 뿐 아니라 거기서 아낙 자손을 보았으며 아말렉인은 남방 땅에 거주하고 헷인과 여부스인과 아모리인은 산지에 거주하고 가나안인은 해변과 요단 가에 거주하더이다 … 우리는 능히 올라가서 그 백성을 치지 못하리라 그들은 우리보다 강하니라 하고 이스라엘 자손 앞에서 그 정탐한 땅을 악평하여 이르되 우리가 두루 다니며 정탐한 땅은 그 거주민을 삼키는 땅이요 거기서 본 모든 백성은 신장이 장대한 자들이며(민 13:28-29, 31-32).

반면 갈렙과 여호수아는 전혀 다른 보고서를 내놓았다. 민수기 말씀을 읽어 보자.

> 갈렙이 모세 앞에서 백성을 조용하게 하고 이르되 우리가 곧 올라가서 그 땅을 취하자 능히 이기리라 하나 … 여호와께서 우리를 기뻐하시면 우리를 그 땅으로 인도하여 들이시고 그 땅을 우리에게 주시리라 이는 과연 젖과 꿀이 흐르는 땅이니라 다만 여호와를

거역하지는 말라 또 그 땅 백성을 두려워하지 말라 그들은 우리의 먹이라 그들의 보호자는 그들에게서 떠났고 여호와는 우리와 함께 하시느니라 그들을 두려워하지 말라 하나(민 13:30; 14:8-9).

열두 정탐꾼은 모두 함께 같은 땅을 정탐하고 돌아왔다. 모두 같은 땅과 같은 도시, 같은 사람들을 보았다. 그런데 왜 그중 열 명과 두 명은 전혀 다른 보고서를 들고 돌아왔을까? 바로, 시각의 차이 때문이다!

하나님은 갈렙과 여호수아가 그분을 온전히 따랐기 때문에 남들과 다른 마음을 품고 있었다고 말씀하셨다(민 14:24). 다시 말해, 그들은 인간 욕심을 떠나 하나님 뜻을 추구했다. 그들은 자기보존의 시각이 아닌 하나님 눈으로 상황을 바라보았다.

열 명의 정탐꾼이 상황을 여호수아와 갈렙과 다르게 본 이유를 여기서 찾을 수 있다. 열 명의 정탐꾼은 하나님 뜻보다 자신과 가족들의 안위와 안전에 더 관심이 있었다. 그들의 모든 결정은 하나님의 나라보다 자신에게 어떤 영향이 가느냐에 따라 이루어졌다. 그들은 하나님이 어떤 경우에도 자신들을 버리지 않으시며 하나님이 시키시는 일은 언제나 승리로 끝맺음한다는 사실을 이해하지 못했다. 나머지 모든 백성들도 말하는 태도로 보아 똑같이 그릇된 사고방식에 빠져 있었다.

이스라엘 자손이 다 모세와 아론을 원망하며 온 회중이 그들에게 이르되 우리가 애굽 땅에서 죽었거나 이 광야에서 죽었으면 좋았을 것을 어찌하여 여호와가 우리를 그 땅으로 인도하여 칼에 쓰러지게 하려 하는가 우리 처자가 사로잡히리니 애굽으로 돌아가는 것이 낫지 아니하랴(민 14:2-3).

이스라엘 자손들은 그나마 배가 부르고 어느 정도 안정된 삶을 누렸던 애굽에서의 '좋았던 옛 시절'을 그리워했다. 비록 애굽에서 노예로 살았지만 눈앞의 상황이 속박의 상태보다 더 나빠 보였다. 그렇게 그들은 꼭 필요한 변화를 거부했다. 매일 똑같은 음식을 먹는 떠돌이 생활이 지긋하긴 했지만 익숙한 광야가 그래도 안전해 보였다. 그 결과, 그들은 약속의 땅을 보지 못하고 자신들의 삶을 향한 하나님 뜻을 이루지 못했다.

하지만 여호수아와 갈렙은 안주하지 않고 '계속해서' 앞으로 나아가길 원했다. 그러자 그들의 '형제들'에게서 격렬한 저항이 나타났다. 급기야 동포들은 두 사람을 죽여 완전히 입을 막으려고까지 했다. 민수기 말씀을 읽어보자.

온 회중이 그들을 돌로 치려 하는데(민 14:10).

여호수아와 갈렙을 반대한 사람들은 마음이 전혀 새로워지지 못한 자들이었다. 그들은 여전히 세상의 사고방식과 시각에 깊이 물들어 있었다. 그들은 자신들의 길, 그리고 광야의 사고방식에 갇혀 있었다.

광야 너머에는
——— 풍성한 삶이 기다린다

사도 바울은 선배인 여호수아와 갈렙처럼 뒤에 있는 것을 잊어버리고 하늘의 상을 향해 '계속해서' 나아갔다고 말했다(빌 3:14).

이사야 43장 18-19절을 다시 보라. 오늘 우리도 이 말씀을 힘입어 계속해서 나아가야 한다.

> 너희는 이전 일을 기억하지 말며 옛날 일을 생각하지 말라 보라 내가 새 일을 행하리니 이제 나타낼 것이라 너희가 그것을 알지 못하겠느냐 반드시 내가 광야에 길을 사막에 강을 내리니(사 43:18-19).

안타깝게도, 요즘도 자유와 만족이 있는 하나님의 뜻을 향해 계속해서 나아가지 않고 '안전한' 속박의 상태에 머무는 사람이 얼마나 많은지 모른다. 그들은 익숙하지만 압제적인 환경보다 눈앞의 변화를 두려워한다. 하나님의 지난 역사에 너무 취한 나머지 새로운 도전을 향해 나아가길 거부하는 이들도 있다. 실제로 하나님은 그들을 통해 위대한 역사를 행하셨다. 하지만 그들은 지난 성공의 고지에 그만 눌러앉고 말았다.

하나님 뜻에 순종하면 생명과 자유가 찾아온다. 그리고 그것만

이 진정한 만족을 얻는 유일한 길이다. 하지만 현재 상황에서는 하늘의 상을 향해 계속해서 나아가는 것이 불가능하게 보일 수도 있다. 하나님은 이사야를 통해 새로운 일을 행하겠지만 어디까지나 "사막에 강을 내리니"라고 말씀하셨다. 다시 말해, 하나님 뜻을 이루기 위해 성령을 따르면 극복이 불가능해 보이는 메마른 상황을 만나게 된다. 하지만 알다시피 사람으로서는 불가능해 보이는 것도 하나님께는 얼마든지 가능하다(눅 18:27). 그리고 광야 너머에는 풍성한 삶과 승리, 만족이 우리를 기다리고 있다.

하나님 뜻을 받아들이지 못하고 광야의 괴로움에서 해방시켜 줄 변화를 거부했던 열 명의 정탐꾼들을 비롯한 이스라엘 백성처럼 되지 말자. 우리는 하늘의 상이 기다리는 약속의 땅을 향해 담대히 진격하자!

Survival TIP

광야에서 살아남기 위한 생존 팁 6

성경을 읽고 죄의 유혹을 이기라

어리석은 이스라엘 백성들에 관한 성경의 기록에서 우리는 메마른 광야에서 임시적으로 머무는 동안 하지 말아야 할 것들을 발견할 수 있다. 물론 이것들은 우리가 평소에도 하지 말아야 할 것들이지만, 광야에서 고생할 때는 이런 죄의 유혹이 더 거세진다. 하지 말아야 할 것들 중 몇 가지만 소개해 보겠다.

1. 악한 것들을 추구하지 말라. 박탈의 상태에 빠지면 그릇된 것들에서 위로를 얻으려고 하기 쉽다.
2. 우상을 추구하지 말라. 우상이란 하나님의 말씀에 반하는 육체의 욕심을 좇는 것이다. 예수님보다 다른 것이나 다른 사람을 더 사랑하는 것이 곧 우상이다.
3. 성적 유혹과 음란에 빠지지 말라.
4. 하나님을 시험하지 말라.
5. 불평하지 말라.

바울은 고린도 교인들에게 보낸 첫 번째 편지에서 광야의 이스라엘 백성들에게서 하지 말아야 할 것들에 관한 많은 교훈을 얻을 수 있다고 말했다.

> 형제들아 나는 너희가 알지 못하기를 원하지 아니하노니 우리 조상들 … 그들의 다수를 하나님이 기뻐하지 아니하셨으므로 그들이 광야에서 멸망을 받았느니라 이러한 일은 우리의 본보기가 되어 우리로 하여금 그들이 악을 즐겨 한 것 같이 즐겨 하는 자가 되지 않게 하려 함이니(고전 10:1, 5-6).

이스라엘 백성들은 막대한 대가를 치렀다. 따라서 우리는 그들의 악한 본보기에서 배워 그들처럼 되지 말자.
광야에서 우리는 하나님의 길, 심지어 그분의 마음을 찾을 수 있다. 단, "하나님, 당신의 선하심과 사랑이 느껴지지 않을 때조차 당신은 선하시고 저를 사랑하시는 줄 믿습니다"라고 늘 고백하며 꿋꿋이 나아가야 그것을 찾을 수 있다.

외치는 자의 소리여
이르되 너희는 광야에서 여호와의 길을 예비하라
사막에서 우리 하나님의 대로를 평탄하게 하라
- 이사야 40장 3절

역경은 단순한 도구가 아니다.
그것은 우리 영적 삶의 발전을 위한 하나님의 가장 효과적인 도구다.
우리 눈에 실패로 보이는 상황과 사건은
강력한 영적 성장 기간을 촉발시키는 계기일 때가 많다.
이 점을 이해하고 영적인 현실로 받아들일 때
역경이 더 견디기 쉬워진다.
- 찰스 스탠리(Charles Stanley)

Chapter 7

하나님의 대로

새로운 생명과 비전으로 불타오르다

뜻밖일지 모르겠지만 하나님이 대로를 놓으신 곳은 바로 광야다. 광야는 드높은 삶 곧 하나님의 뜻을 따르는 삶으로 가는 대로가 준비되는 곳이다. 역사상 소수만이 이 대로로 갔다. 하지만 지금 하나님은 많은 사람이 이 길을 걷도록 준비시키는 중이다. 이사야 35장 6, 8절에 이 대로가 묘사되어 있다.

> 광야에서 물이 솟겠고 사막에서 시내가 흐를 것임이라 거기에 대로가 있어 그 길을 거룩한 길이라 일컫는 바 되리니(사 35:6, 8).

광야에 세워지는 하나님의 대로에는 95번 국도나 66번 고속도로 같은 이름이 붙지 않는다. 이 대로의 이름은 깔끔하게 '거룩한 길'이다.

거룩함의 정의 중 하나는 '순결한 상태'다. 예수님은 "마음이 청결한 자는 복이 있나니 그들이 하나님을 볼 것임이요"라고 말씀하셨다(마 5:8). 예수님은 부정하거나 불순한 교회를 위해 돌아오시지 않는다. 하나님은 흠도 주름도 없는 교회를 위해 돌아오실 것이다.

몇 십 년 전, 내가 막 목회를 시작한 젊은이였을 때 기도하던 중 이제부터 내 삶을 정화시키겠다는 하나님의 음성을 느꼈다. 그때 나는 너무 기뻐서 당장 아내에게 달려갔다. "하나님이 나의 불순물들을 제거해 주시겠대요." 그러면서 하나님이 제거해 주셨으면 하는 나의 탐탁지 못한 점들을 열거했다(필시 그날 아내의 머릿속에는 내가 빼먹은 단점들이 수두룩하게 떠올랐을 것이다).

그런데 3개월이 지나도록 아무런 변화가 나타나지 않았다. 아니, 오히려 내 모습이 점점 더 나빠졌다. 정화해야 할 것들이 도리어 더 늘어났다. 참다못한 나는 결국 하나님께 물었다. "왜 제 나쁜 행실들이 좋아지기는커녕 더 나빠지는 겁니까?"

그때 하나님은 이런 음성을 주셨다. "아들아, '내'가 너를 정화하겠다고 했지 않느냐? 그런데 왜 자꾸만 네 힘으로 하려고 하느냐? 이제 '내' 방식대로 할 것이다." 그때 나는 첫 광야 여행을 목전에 둔 줄 전혀 몰랐다. 그 여행이 18개월이나 걸릴 줄은 더더욱 몰랐다.

하나님의 길과
——— 나의 길은 다르다

신자로서의 삶을 시작한 지 그리 오래되지 않아 나는 T. L. 오스본(Osborn)의 사역에 관해 알게 되었다. 오스본 박사는 탁월한 목회자이자 저자로, 수십 년간 아내 데이지(Daisy)와 함께 전 세계를 돌며 강력한 복음 전도와 기적적인 치유 사역을 펼치고 있었다. 이 부부의 사역으로 수천만 명이 예수님을 영접했다.

그러니 오스본 박사가 우리 교회에서 설교를 하기 위해 댈러스로 온다는 소식을 듣고 내가 얼마나 흥분했을지 상상해 보라. 게다가 초빙 강연자들을 섬기는 내 직책으로 인해 그를 개인적으로 알게 될 테니 기쁨은 이루 말할 수 없었다. 그는 듣던 대로 놀라웠다. 그와 함께 있으면 마치 예수님과 함께 있는 기분이었다.

오스본 박사는 우리 교회에 여러 번 방문했다. 덕분에 우리는 매우 가까워질 수 있었다. 오스본 박사는 목회를 준비하던 젊은 시절에 읽으며 공부하던 책들을 모두 내게 주었다. 또한 두 번에 걸쳐 자신이 입던 옷들을 내게 꽤 많이 주었다(우리는 옷 사이즈가 완벽히 똑같았다). 당시 나는 옷을 사 입을 돈조차 없었기 때문에 그 옷들을 아주 요긴하게 사용했다. 이런저런 일을 통해 오스본 부부는 우리 부부에게 아버지와 어머니처럼 가까운 존재가 되었다.

몇 년 전, 내가 아직 미국에서 사역하고 있을 때 한번은 오스본 박사가 설교하던 예배에서 성령의 속삭이심이 느껴졌다. "언젠가 너는 오스본을 섬기게 될 것이다. 오스본과 함께 사역하게 될 것이다."

나는 그것을 그의 팀에 합류하고 나중에는 그와 비슷한 전도 사역을 시작할 것이라는 뜻으로 받아들였다.

하지만 한동안 어떤 일도 일어나지 않았다. 나는 여전히 광야에 있었다. 오스본 부부의 사역 본부는 털사에 있었지만 두 사람이 사는 곳은 플로리다 주 올랜도였다. 시간이 지날수록 내 사역을 해야 한다는 생각이 강해졌다. 그래서 오스본 부부와 더 가까이 있기 위해 올랜도로 이사하기로 결심했다. 그것은 두 가지 점을 염두에 둔 결정이었다. 첫째, 올랜도로 가면 내가 더 이상 한 교회에 소속되어 있지 않는 사실을 오스본 박사에게 자연스럽게 알릴 수 있었다. 오스본 박사는 흠 잡을 데 없는 인격의 소유자였다. 그래서 이미 한 교회에서 열심히 사역하고 있는 내게 영입 제안을 할 리가 없다고 생각했다. 둘째, 올랜도로 가면 아무래도 오스본 부부와 함께 사역하기가 한결 수월할 수밖에 없었다.

물론 이것은 너무 앞서간 것이었다. 하지만 하나님을 '도와서라도' 빨리 내 진정한 소명 속으로 들어가고 싶었다. 그리하여 현재 직분을 사임하고 올랜도로 이사할 뜻을 전하기 위해 담임목사와 약속을 잡았다. 그런데 담임목사를 만나기 전날 밤, 각각 다른 도시에 있는 세 명의 목사가 내게 전화를 걸어왔다. 세 사람은 내가 다음날 하려는 일에 관해서 듣고 모두 똑같은 질문을 던졌다. "사모님 생각도 같나요?"

그렇지 않았다. 아내는 나를 몇 번이나 말렸다. "여보, 당신 뜻을 따르기는 하겠지만 저는 아무래도 마음이 편하질 않아요." 그때마다 나는 한 귀로 듣고 한 귀로 흘려보냈다. '아내는 잘 몰라서 그래. 그리고 나는 가장이니까 아내는 무조건 내가 하는 대로 따라와야 해.' 이 얼마나 미성숙하고 어리석은 생각인가.

그날 밤 늦은 시각에 세 번째 목사에게 전화가 걸려와 똑같은 질문을 받았을 때 뒤통수를 한 대 맞은 기분이었다. 갑자기 내 눈이 열려 내가 무슨 짓을 하고 있는지를 분명히 보게 되었다. 나는 하나님이 이끄시는 대로 따라가지 않고 하나님의 옷자락을 잡아 끌어당기고 있었다.

이튿날, 아내와 함께 담임목사 부부를 찾아가 만남을 요청했던 이유를 밝힌 뒤 전날 밤 세 사람의 전화를 받고 마음이 바뀌었다고 솔직히 말씀드렸다. 감사하게도 두 분은 교회에서 계속해서 그대로 사역해도 좋다고 허락해 주었다. 내 어깨에서 무거운 짐이 떨어져 나간 기분이었고, 이제 곧 나를 위한 하나님의 역사가 펼쳐지리라는 기대감이 나를 감쌌다. 내 정화 작업이 아직 끝나지 않을 줄도 모르고서 말이다. 바로 그날, 또 다른 파도가 몰려왔다.

담임목사 내외를 만난 지 불과 여섯 시간 뒤, 나는 다른 교역자들과 농구를 하기 위해 집에서 운동복을 갈아입고 있었다. 그때 전화벨이 울렸다. 수화기 반대편의 목소리는 바로 오스본 박사였다.

90분간 나와 아내에게 사역자 자리를 제안하는 말을 듣는데, 꿈인가 생시인가 싶었다. 오스본은 전 세계를 돌며 자기 부부를 도와달라고 했다. 또한 함께 털사에 한 교회를 개척하자고 했다. 그 교회를 전초기지로 전 세계에 수많은 교회를 세워 그곳들에서 대규모 집회를 열 계획이라고 했다.

그 긴 통화를 하는 내내 이런 생각을 했던 기억이 난다. '와우, 하나님, 역사하실 줄 알았지만 이렇게 빨리 역사하실 줄은 미처 몰랐습니다!' 그 전화 통화를 하는 내내 느꼈던 흥분은 말로 다 표현할 수 없을 정도다. 나는 이것이 기다리고 기다리던 광야의 출구라고 확신했다. 너무 기뻐서 머리가 천장에 닿도록 뛸 수 있을 것만 같았다. 전화를 끊고 나서 하나님께 감사하며 집을 나섰다.

그런데 이상하게 마음 깊은 곳에서 작은 거리낌 혹은 망설임 같은 것이 느껴졌다. 뭔가 불편하고 신경이 거슬리는 느낌이었다. 나는 재빨리 속으로 말했다. '하나님, 안 돼요! 절대 안 됩니다. 오래전에 약속하셨잖아요. 제가 오스본 박사를 위해 일할 거라고 말이에요. 이번 일은 절대 막으시면 안 됩니다!'

하지만 거리낌은 잦아들지 않았다. 찜찜한 기분을 떨쳐내려고 사흘간 땀이 나도록 기도했다. "하나님, 이 일에 기쁨과 평안을 주세요!" 그렇게 부르짖었다. 그런데 아내도 동일한 거리낌을 느끼고 있었다. 아내도 오스본 부부와 동역하기를 간절히 원했는데, 정말 이상한 노릇이었다.

결국 나는 이 망설임이 하나님에게서 온 것일 리가 없다고 제멋대로 결론을 내렸다(또 다른 미성숙하고도 위험하기까지 한 모습이었다). 그리하여 아내와 나는 면접을 위해 오클라호마 주로 날아갔고, 모든 일이 일사천리로 진행되었다. 오스본 부부는 우리에게 공식적으로 직책을 제시하고, 성탄절 파티 때 팀원 전원에게 우리를 소개했다.

우리는 그곳에서의 일정을 마치고 댈러스로 돌아왔고 나는 곧바로 교회를 사임했다. 그런데 찜찜함은 여전히 사라지지 않고 있었다. 아무리 오래 기도해도 마음이 진정되질 않았다. 더 세게 기도해서 불편한 감정을 억누르려고 해 봤지만 그럴수록 기분이 더 이상해졌다. 마침내 나는 아내에게 말했다. "이유는 모르겠지만 우리가 잘하는 일이 아닌 것 같아요." 그러자 아내도 고개를 끄덕였다. "저도 왠지 마음이 편하지 않아요."

나는 오스본 박사에게 전화를 걸어 심정을 전했다. "알겠습니다. 다시 만나서 이야기를 나누시죠." 박사의 말에 우리는 털사로 날아갔고, 두 시간의 모임 끝에 박사는 이렇게 말했다. "우리가 서로를 진정으로 아낀다는 걸 알았기 때문에 두 분께 이 자리를 제안했지만 아무래도 하나님의 뜻이 아닌 것 같다는 생각이 듭니다."

"저도 왜 그런지 모르겠지만 박사님 말씀이 맞는 것 같습니다." 내 입에서 그런 말이 나올 줄은 상상도 못했다. 그 말을 내뱉기 위해 이를 악물어야 했다. 내 평생의 꿈을 내려놓는 발언이었으니까 말이다.

당시 내 습관 중 하나는 이른 아침에 밖으로 나가 1시간 30분에서 2시간 동안 기도를 하는 것이었다. 하지만 내 영웅과 관련된 이 실망스러운 사건 이후에는 최소한 2주 동안 아침에 밖에 나가도 기도가 나오질 않았다. 그저 울부짖음밖에 나오질 않았다. 지난 몇 달 사이에 일어난 일을 돌아보면 그저 어안이 벙벙하기만 했다. 그 슬픔은 말로 다 표현할 수 없었다. 마치 사랑하는 이의 죽음처럼 가슴이 찢어졌다.

그렇게 고통스러운 2주가 지난 뒤, 아무도 없는 곳에 가서 목청껏 울부짖었다. "하나님, 도대체 왜? 왜 이 일을 포기하게 하셨나요? 분명 6년 전에 제가 그를 위해 일할 거라고 말씀하셨잖아요. 그런데 왜 입니까?"

그때 하나님이 하신 말씀을 영원히 잊을 수 없다. "그건 네가 나와 네 꿈 중 무엇을 섬기는지 보고 싶었기 때문이다." 나는 충격에 휩싸였다. 이어서 하나님은 이렇게 말씀하셨다. "바로 이것이 내가 아브라함에게 이삭을 제물로 바치게 한 이유였다. 나를 향한 그의 사랑이 내가 준 약속의 아들을 향한 사랑보다 큰지 보고 싶었다. 그 시험을 통해 그가 단지 꿈을 좇은 것인지 아니면 진정으로 나를 섬기고, 반드시 약속을 지키는 나의 신실함을 믿은 것인지 확인할 수 있었다."

지난 몇 주간 내가 씨름해 온 모든 의문이 한꺼번에 풀렸다. 18개월 만에 처음으로 내 안에서 기쁨이 폭발했다. 내 삶이 다시 열리는 것만 같았다. 그 순간, 내가 얼마나 복을 받았는지 새롭게 깨달았다. 내가 아름다운 여인과 결혼했다는 사실과 우리 가정에 놀라운 복덩이가 찾아왔다는 사실과 내가 아내와 다시 사랑에 빠지고, 아들을 향한 관심을 회복했다는 사실, 우리가 몇 발자국만 나가면 아름다운 수영장이 있는 새 아파트에서 살고 있다는 사실, 우리 동네에 거의 매일 찬란한 햇빛이 쏟아진다는 사실 등 하나님을 기쁘시게 한답시고 밤낮없이 사역만 하느라 이 많은 복을 잊고 지냈었다.

지금 와서 돌아보면 하나님이 내게 오스본을 위해 일하게 될 거라고 말씀하셨을 때 나는 이미 그런 특권을 누리고 있었다. 그가 댈러스에 있는 우리 교회에 찾아올 때마다 섬긴 것이 바로 그를 위해 일한 것이 아니고 무엇이겠는가.

다만 이제 나는 직장이 없었다. 나는 복직할 수 있을까 싶어 더없이 공손한 태도로 교회에 찾아갔다. 당시 그곳의 부목사 중 한 명이었던 내 친구를 보며 했던 말이 지금도 기억난다. "내가 저 문 아래로 걸어 들어갈 수 있을 만큼 작아진 것 같네 그려." 정확히 이렇게 말했다. 오스본 부부와 동역할 거라고 모두에게 자신만만하게 떠들었건만! 심지어 담임목사는 설교단에서 온 교인에게 그렇게 선포했다. 하지만 결국 실없는 사람이 되어 버렸다.

그 교회는 감사하게도 내게 파트 타임 일을 주었고, 그곳에서 나는 8개월을 더 사역했다. 그 뒤에야 비로소 하나님이 준비하신 내 소명의 다음 단계가 찾아왔다. 당시 미국에서 가장 빠른 성장세를 기록하던 교회 중 한 곳에서 영입 제안이 왔고, 나는 그곳에서 중고등부 전도사로 사역하기 시작했다. 이제 나는 새로운 생명과 새로운 비전으로 불타올랐다. 그것은 이제 내가 이 새로운 포도주를 담을 준비가 된 가죽 부대였기 때문이다.

정화에는
——— 고통이 따른다

예수님이 이 땅을 떠나신 뒤 수세기 동안 제자들은 자신의 노력으로 거룩함을 얻으려 했다. 사실, 교회의 여러 교단들이 스스로 정결해지려는 헛된 노력의 결과로 탄생했다. 하지만 그 결과는 우리 스스로를 율법주의의 노예로 만드는 것뿐이었다. 그것은 거룩함이 육체를 외적으로 구속해서 얻을 수 있는 것이 아니라 오직 하나님의 은혜로 얻을 수 있는 것이기 때문이다.

하나님은 교만한 자가 아닌 겸손한 자에게 은혜를 주신다. 교만한 자는 기록된 지침과 규칙을 따르면 하나님의 도우심 없이도 충분히 거룩함을 이룰 수 있다고 생각한다. 반면, 겸손한 자는 그것이 헛된 노력이라는 것을 잘 알고서 철저히 하나님의 은혜(능력)를 의지한다. 하나님과 친밀한 관계를 누리는 사람만이 정결하다. 왜냐하면 그런 관계를 통해서만 마음에 기록된 율법을 지킬 수 있기 때문이다.

많은 사람이 신약의 명령이나 성령의 깨우치심에 순종함으로 거룩함을 이루려다가 비참한 실패만 맛보았다. 율법을 문자 그대로 지켜서 구원을 받으려고 했지만 결국 실패한 유대인들처럼 우리도 그런 규칙을 지켜서 거룩함에 이를 수는 없다. 많은 사람이 율법주의적인 관념들로 특정한 행위나 활동들을 삼갔다. 이런 외적인 규칙은 내적 순결을 얻기 위해 정해진 것이다.

하지만 하나님은 외적인 형태의 거룩함을 원하시지 않는다. 하나님은 마음의 내적 변화를 원하신다. 순결한 마음이 순결한 행동을 낳기 때문이다. 그래서 마태복음 23장 26절에서 예수님은 이렇게 말씀하셨다. "너는 먼저 안을 깨끗이 하라. 그리하면 겉도 깨끗하리라."

마음이 순결하면 예수님이 싫어하시는 행동을 원하지 않게 된다. 포르노를 멀리 하고 선정적인 옷을 입지 않게 된다. 자신은 이혼하지 않았다고 큰 소리를 치지만 마음속으로는 회사에서 옆자리에 앉은 직장 동료에게 음욕을 품거나 수시로 인터넷에서 포르노 사이트를 보는 사람이 있다고 하자. 과연 그가 거룩한 것인가?

마음이 순결하다면 컴퓨터나 휴대폰에서 덕스럽지 못한 내용을 찾아서 보지 않는다. 첨단 기술 자체는 우리를 불결하게 만들지 않는다. 불결한 행동을 하게 만드는 것은 바로 우리의 마음이다. 마음이 순결하면 오직 하나님이 원하시는 것만 원하게 되어 있다.

하나님 영광을 위해 ——— 준비된 사람들

광야는 우리의 동기와 의도를 정화시키기 위한 하나님의 도가니 중 하나다. 지금 하나님은 그분의 교회를 위해 돌아오시기 전에 우리의 마음을 준비시키시는 중에 있다. 하나님은 자신의 영광이 아닌 '그분의' 영광을 보여 줄 사람들, 그분의 성품을 따라 사는 사람들의 세대를 일으키고 계신다.

> 큰 집에는 금그릇과 은그릇뿐 아니라 나무 그릇과 질그릇도 있어 귀하게 쓰는 것도 있고 천하게 쓰는 것도 있나니 그러므로 누구든지 이런 것에서 자기를 깨끗하게 하면 귀히 쓰는 그릇이 되어 거룩하고 주인의 쓰심에 합당하며 모든 선한 일에 준비함이 되리라

(딤후 2:20-21).

보다시피 귀한 그릇과 천한 그릇, 이렇게 두 가지 종류의 그릇이 있다. 천한 것에 해당하는 헬라어는 불명예스럽고 수치스러우며 혐오스럽다는 뜻의 '아티미아'(atimia)다. 귀한 것에 해당하는 헬라어는 '티메'(time)다. 하나님은 이렇게 말씀하셨다. "네가 만일 헛된 것을 버리고 귀한 것을 말한다면 너는 나의 입이 될 것이라"(렘 15:19). 불순물을 없애면 천한 것이 귀한 것이 된다.

말라기는 신약 시대에 관해 예언한 구약의 선지자다. 문제는 그가 신약의 용어들을 몰랐다는 것이다. 그래서 그는 성령이 보여 주고 말씀하신 신약의 그리스도인에 대해 '레위 자손'과 '제사장'이라는 용어를 사용했다.

말라기는 하나님이 그분의 성전(교회)을 '위해' 오시기 전에 그분의 성전'으로' 오실 것이라고 예언했다. 그 목적은 성전을 정화시키는 것이다. 그의 말을 들어보자.

> 그가 은을 연단하여 깨끗하게 하는 자 같이 앉아서 레위 자손을 깨끗하게 하되 금 은 같이 그들을 연단하리니 그들이 공의로운 제물을 나 여호와께 바칠 것이라(말 3:3).

레위 자손은 "왕 같은 제사장들"(벧전 2:9) 곧 교회를 이루는 그리스도의 제자들에 대한 예시다. 하나님이 이 제사장들의 연단을 금과 은의 연단에 비유하셨기 때문에 금과 은이 어떤 특징을 지니고 있으며 어떤 식으로 연단되는지를 알 필요성이 있다. 여기서는 금에 관해서만 살펴보자. 어차피 금이나 은이나 연단하는 과정은 거의 비슷하기 때문이다.

금은 은은한 금속성 광채를 띤 아름다운 노란색의 물질이다. 금은 다양한 지역에서 발견되지만 아주 조금밖에 발견되지 않고 그나마 순수한 상태로 발견되는 경우도 매우 드물다. 정련된 금은 부드럽고 유연하며 부식되거나 다른 물질에 오염되지 않는다.

그런데 금이 다른 금속들(구리나 철, 니켈)과 섞이면 딱딱해져서 유연성이 사라지고 부식도 더 잘 된다. 이렇게 섞인 것을 합금이라 부른다. 다른 금속의 비율이 높을수록 금은 더 딱딱해진다. 반대로, 다른 금속이 비율이 낮을수록 더 부드럽고 유연해진다.

이제 비유의 의미가 눈에 들어오지 않는가? 하나님 앞에서 순결한 마음은 정금처럼 부드럽고 유연하다.

> 성령이 이르신 바와 같이 오늘 너희가 그의 음성을 듣거든 광야에서 시험하던 날에 거역하던 것 같이 너희 마음을 완고하게 하지 말라 … 오직 오늘이라 일컫는 동안에 매일 피차 권면하여 너희 중에 누구든지 죄의 유혹으로 완고하게 되지 않도록 하라(히 3:7-8, 13).

죄는 '순전한' 금을 합금으로 변형시켜 우리 마음을 완고하게 만드는 불순물이다. 죄로 인해 마음이 완고해지면 민감성을 잃어버려 하나님 음성을 잘 듣지 못하게 된다.

안타깝게도, 이런 상태에 빠진 사람이 너무도 많다. 경건의 모양은 갖추었으나 예수님을 향해 타오르는 부드러운 마음이 없는 자들이 부지기수다. 하나님을 향한 뜨거운 사랑이 있어야 할 자리에 자신의 쾌락과 안위, 이익만 추구하는 딱딱한 자기 사랑이 꽉 들어차 있다. 그들은 경건을 개인적인 이익을 위한 수단으로 여겨(딤전 6:5) 오직 약속만을 바라볼 뿐 약속을 주신 분에 관해서는 생각하지도 않는다. 그들은 세상적인 것들에 푹 빠져 즐거워하면서도 천국을 기대하는 지독한 자기기만에 빠져 있다. 이것은 하나님이 원하시는 모습이 아니다.

> 하나님 아버지 앞에서 정결하고 더러움이 없는 경건은 … 자기를 지켜 세속에 물들지 아니하는 그것이니라(약 1:37).

예수님은 흠이나 어떤 불순물도 없이 거룩한 교회, 세상의 방식에 조금도 오염되지 않은 마음의 소유자들을 위해 돌아오실 것이다(엡 5:27).

금의 또 다른 특징은 부식되지 않는다는 것이다. 여타 금속들은 대기의 상태에 따라 변색되지만 금은 전혀 끄떡없다. 구리와 아연의 합금인 누런 황동은 겉보기에는 금과 비슷하지만 특징은 전혀 다르다. 황동은 쉽게 변색된다. 황동은 금의 외관을 가졌으되 금의 특징은 갖지 못했다.

교회에도 금의 모양은 갖추었지만 금이 아닌 황동 그릇들이 있다. 오직 정련의 불만이 이 둘의 차이점을 적나라하게 드러낼 것이다. 말라기는 이 정련의 결과에 관해 다음과 같이 말했다.

> 그때에 너희가 돌아와서 의인과 악인을 분별하고 하나님을 섬기는 자와 섬기지 아니하는 자를 분별하리라(말 3:18).

금을 단련하기 위해서는 불이 필요하다

금의 정련에 관한 이야기로 돌아가 보자. 다른 물질의 함량이 높을수록 금은 딱딱해질 뿐 아니라 부식되기 쉬워진다. 우리가 사는 세상의 상황에 영향을 받기가 쉬워진다.

지금 세상의 방식들이 교회에 깊이 스며들어 있다. 우리는 세상 문화에 빠져 변색되어 있다. 첨단 사회에서 교회의 가치는 세속의 가치에 오염되어 있다. 하지만 너무도 많은 그리스도인이 무감각해져서 정화의 필요성을 전혀 느끼지 못하고 있다.

말라기 3장 3절은 예수님이 마치 금을 정련하듯 그분의 교회를 세상의 영향력으로부터 정련 혹은 정화하실 것이라고 말한다. 금의 정련 과정은 이렇다. 먼저, 금을 가루로 빻은 다음 용제라는 물질과 섞는다. 그런 다음 용광로에 넣어 매우 뜨거운 불로 녹인다. 그렇게 하면 불순물들은 용제에 붙어 표면 위로 떠오른다. 그리고 더 무거운 금은 바닥으로 가라앉는다. 그때 용제와 결합된 구리나 쇠, 아연 같은 불순물을 제거한다.

이제 하나님의 정련 과정을 자세히 보자.

> 내가 또 내 손을 네게 돌려 네 찌꺼기를 잿물로 씻듯이 녹여 청결하게 하며 네 혼잡물을 다 제하여 버리고 내가 네 재판관들을 처음과 같이 네 모사들을 본래와 같이 회복할 것이라 그리한 후에야 네가 의의 성읍이라 신실한 고을이라 불리리라 하셨나니(사 1:25-26).

하나님이 우리를 정련할 때 사용하시는 불은 무엇인가? 답은 다음 구절에서 발견된다.

> 그러므로 너희가 이제 여러 가지 시험으로 말미암아 잠깐 근심하게 되지 않을 수 없으나 오히려 크게 기뻐하는도다 너희 믿음의 확실함은 불로 연단하여도 없어질 금보다 더 귀하여 예수 그리스도께서 나타나실 때에 칭찬과 영광과 존귀를 얻게 할 것이니라(벧전 1:6-7).

하나님의 연단하는 불은 바로 시험과 환난이다. 물론 시험과 환난은 광야의 본질이다. 시험의 불은 우리의 삶 속에서 하나님의 성품과 우리의 불순물을 분리한다. 시험의 불에 노출되면 거룩함에 이를 가능성이 있다(내가 왜 "가능성"이라고 말하는지는 곧 설명하도록 하겠다).

가장 순수한 상태의 금이 가진 또 다른 특징은 투명성(유리처럼 안을 들여다볼 수 있는 특성)이다. "성의 길은 맑은 유리 같은 정금이더라"(계 21:21). 불의 시험으로 정화되고 나면 투명해진다. 투명한 그릇은 스스로 아무런 영광도 취하지 않는다. 오직 그 안에 담긴 것만 영화롭게 한다. 투명한 그릇은 마치 아무것도 가로막지 않은 것처럼 속이 훤히 보인다.

우리가 정련되고 나면 세상이 다시 예수님을 보게 될 것이다. 우리가 투명한 사람들, 즉 진실을 말하고, 잘난 체하지 않고, 한번 뱉은 말은 꼭 지키고, 정직하고, 숨길 것이 하나도 없는 사람들이라면 세상이 주목할 것이다.

이사야는 이 정련 과정을 더 자세히 설명한다.

> 보라 내가 너를 연단하였으나 은처럼 하지 아니하고 너를 고난의 풀무 불에서 택하였노라 나는 나를 위하며 나를 위하여 이를 이룰 것이라 어찌 내 이름을 욕되게 하리요 내 영광을 다른 자에게 주지 아니하리라(사 48:10-11).

여기서 불 혹은 풀무 불은 은(혹은 금)을 정련할 때 쓰이는 실제 불이 아니라 고난이다. 그래서 이사야는 "은처럼 하지 아니하고"라고 말했다. 우리의 시련은 천한 것에서 귀한 것을 분리시키는 강력한 열이다.

하나님은 우리의 의지에 반해서 그것들을 분리시키지 않으신다. 이것이 바울이 디모데후서 2장 21절에서 깨끗해지기를 원하는 사람이 "자기를 깨끗하게" 한다고 말한 이유다. 우리가 자신의 흠을 정당화하거나 변명하면서 그냥 원래대로 살기를 고집하면 하나님은 우리를 억지로 깨끗하게 하시지 않는다. 그런 사람의 고난은 아무런 가치가 없다(이것이 앞서 내가 "가능성"이란 표현을 사용한 이유다). 거룩한 길에서 이루어지는 정화는 대개 길고도 고통스러운 과정이다. 하지만 나는 그 열매를 알기에 이제 그것을 반길 수 있다.

히브리서 기자는 이렇게 말한다.

> 모든 사람과 더불어 … 거룩함을 따르라 이것이 없이는 아무도 주를 보지 못하리라(12:14).

예수님은 이렇게 말씀하셨다.

> 마음이 청결한 자는 복이 있나니 그들이 하나님을 볼 것임이요(마 5:8).

하나님의 마음에 합했던 다윗은 이렇게 부르짖었다.

> 자기 허물을 능히 깨달을 자 누구리요 나를 숨은 허물에서 벗어나게 하소서(시 19:12).

우리도 다윗처럼 부르짖자. 하나님께 우리의 마음을 깨끗하게 해 달라고 부르짖으면 우리 눈에는 보이지 않는 숨은 허물들을 제거해 주실 것이다. 하나님은 우리가 모르는 가장 깊은 곳의 생각과 의도까지도 훤히 아신다.

당신이 영적인 광야의 시기를 알아보고 반길 줄 알게 되기를 바란다. 불같은 시험이 닥쳐도 분노하거나 남들을 탓하지 말고 그곳에서 목적을 찾으라. 당신 마음을 점검하고 귀한 것에서 천한 것을 제거하시는 하나님의 손길에 당신을 맡기라. 하나님은 "내가 거룩하니 너희도 거룩할지어다"라고 명령하셨다(벧전 1:16).

명심하라. 정련 과정은 좋은 것은 강화시키고 약하거나 더러운 것은 제거하거나 깨끗하게 만든다. 하나님의 영광을 아름답고도 투명하게 보여 주는 귀한 그릇이 되기 위해 그분의 정련 과정을 기꺼이 받아들이라.

Survival TIP

광야에서 살아남기 위한 생존 팁 7

진정한 동역자를 찾으라

아마 많은 사람이 공감하겠지만, 친구라고 생각했던 사람이 적이 되어 우리를 공격할 때만큼 큰 상처가 될 때도 없다. 실제로 그런 일이 자주 벌어진다. 친구라고 굳게 믿었던 사람에게서 핍박이 찾아오는 경우가 적지 않다.

광야에서 우리는 핍박을 당할 수 있으며, 그리스도를 따르는 자는 언제라도 핍박을 당할 수 있다는 사실을 늘 의식하며 살아가야 한다. 사도 바울도 그렇게 말했다. "무릇 그리스도 예수 안에서 경건하게 살고자 하는 자는 박해를 받으리라"(딤후 3:12).

핍박은 정련 과정의 한 부분이다. 그렇다면 어떤 자들이 우리를 핍박하는가? 여러 사람이 있겠지만, 하나님의 백성들 사이에 은밀히 침투해 신자 행세를 하지만 하나님을 향한 마음은 눈곱만큼도 없는 사기꾼들이 우리를 핍박하게 되어 있다.

이것이 바울이 모세에게 대적한 얀네와 얌브레를 언급한 이유다. 얀네와 얀브레는 외부인들이 아닌 교회 식구들이었다. 바울은 자신이 당한 핍박과 위험들을 이야기하면서 "거짓 형제"에게 괴롭힘을 당한 적도 있다고 말했다(고후 11:26).

광야에서는 우리를 사랑하고 돌봐 줄 사람들을 곁에 두는 것이 도움이 된다. 아울러 우리에게 하나님 뜻을 정확히 말해 줄 사람들도 필요하다. 하지만 욥의 아내나 친구들처럼 소모적인 비판을 하고 하나님을 거역하라고 부추기는 사람들은 필요하지 않다.

물론 직언을 필요로 할 때 오히려 아첨하는 거짓 선지자들도 필요하지 않다. 우리를 사랑하는 마음으로 하나님의 지혜를 알려 줄 사람들이 필요하다. 단, 조심해야 한다. 우리를 비난하고 심지어 광야가 우리 스스로 자초한 일이라고 말하는 자들은 진정한 친구가 아닐 수 있다. 물론 성령은 다른 사람을 사용하여 우리가 잘못을 깨닫고 회개하게 만드실 때가 많다. 하지만 전혀 격려하지 않고 계속해서 비난만 하는 사람은 사탄의 도구이니 조심해야 한다!

GOD, Where are you?!

Part 4

역경을 축복으로 바꾸는
광야 수업

육신을 따르는 자는 육신의 일을
영을 따르는 자는 영의 일을 생각하나니
- 로마서 8장 5절

극지의 하늘에서 빛나는 별처럼 밝은 별은 없다.
사막 모래 한복판에서 솟아나는 물만큼 달콤한 물은 없다.
그리고 역경을 이겨낸 믿음만큼 귀한 믿음은 없다.
증명된 믿음은 경험을 낳는다. 즉, 시련을 통과하지 않은 사람은
자신의 약함을 믿지 못한다.
하나님의 능력이 필요한 상황에 처해 보지 않고서는
그 능력을 알 수 없다.
- 찰스 스펄전(Charles H. Spurgeon)

Chapter 8

탄탄한 기초

빠르고 쉬운 길로 가려는 유혹 뿌리치기

하나님의 사람을 알아볼 수 있는가? 무엇이 하나님의 사람임을 알게 하는가. 하나님의 사람을 만드는 것은 기름부음이 아니라 인격이다. 인격 형성에 꼭 필요한 정련 과정이 이루어지는 곳이 준비되어 있다. 바로 압박이 거세게 밀려오고 실망스러운 일이 꼬리를 물며 꿈이 점점 멀어지는 것만 같은 광야이다.

타오르는 분노를 억누르지 못해 고생했던 광야 시기가 기억난다. 그때 나는 하나님께 부르짖었다. "하나님, 제가 모든 사람에게 화를 내는 이유가 무엇입니까? 제 삶에 있는 무엇을 묶거나 몰아내야 합니까?"

그러자 하나님은 이렇게 응답하셨다. "아들아, 너는 육신을 묶거나 몰아낼 수 없다. 육신은 십자가에 못 박아야 한다."

나는 더 답답해져서 다시 물었다. "네, 그런데 도대체 이 분노는 어디서 오는 겁니까? 전에는 이런 적이 한 번도 없습니다. 심지어 구원받기 전에도 이러지는 않았어요!"

하나님이 다시 대답해 주셨다. "이 분노는 오랫동안 네 안에 있었다. 다만 보이지 않았을 뿐이지. 네 금반지 안의 불순물이 보이지 않는 것처럼 말이다. 하지만 그것을 풀무 불에 녹이면 불순물이 표면 위로 떠오르지. 이제 내가 너를 고난의 풀무 불에 넣어 네 분노를 보이게 만든 것이다."

내가 뭘 어떻게 할지 몰라 혼란스러워하자 하나님이 추가적인 설명을 덧붙이셨다. "아내나 동료, 친구들, 갓난아기로 인한 스트레스, 인생의 상황을 탓한다면 너의 분노는 그대로 남을 것이다. 단지, 열이 줄어들면 다시 네 안으로 숨어서 보이지 않을 뿐 사라지지는 않는다. 그렇게 되면 나중에 또다시 처음부터 시작해야 한다. 하지만 네가 '하나님, 죄송합니다. 제게서 이 분노를 제거해 주세요'라고 기도

하며 회개한다면 내가 큰 국자로 네 분노를 퍼서 버려 줄 것이다."

그래서 나는 하나님이 시키시는 대로 했다. 불같은 광야의 압박이 내 분노를 드러냈을 때 나는 죄를 고백하고 회개한 뒤에 없애달라고 간구했다.

이것이 광야가 고통스럽지만 더없이 귀하고 궁극적으로는 큰 기쁨으로 이어지는 이유다.

> 그러므로 너희가 이제 여러 가지 시험으로 말미암아 잠깐 근심하게 되지 않을 수 없으나 오히려 크게 기뻐하는도다 너희 믿음의 확실함은 불로 연단하여도 없어질 금보다 더 귀하여 예수 그리스도께서 나타나실 때에 칭찬과 영광과 존귀를 얻게 할 것이니라(벧전 1:6-7).

광야는 정련되고 인격이 길러지는 곳이다. 진정으로 경건한 사람이 형성되는 것은 이 고난과 핍박의 풀무 불에서다. 로마서 5장 3-4절은 이렇게 말한다. "다만 이뿐 아니라 우리가 환난 중에도 즐거워하나니 이는 환난은 인내를 인내는 연단을 연단은 소망을 이루는 줄 앎이로다."

하나님이 다윗의 삶을 인정하신 것은 그가 자신의 제국을 추구하는 사람이 아닌 하나님의 마음에 합한 사람이었기 때문이다. 사울왕은 정련의 광야를 경험하지 않았기 때문에 불순물이 가득한 채로 남아 있었다. 하지만 다윗은 광야에서 연단되었다. 참, 아이러니하게도 하나님은 사울을 사용하여 다윗을 그 광야로 보내셨다. 이처럼 하나님의 길은 불가사의할 수 있지만 언제나 좋다!

하나님이 주신
——— 꿈이 깨어지는 고통

정련의 과정은 고통스러울 수 있다. 혹시 오해하는 사람들이 있을까 봐 분명히 말하면, 광야는 디즈니랜드 여행이 아니다. 고난은 엄연히 고난이다. 때로는 뼛속까지 고통스러운 고난이 찾아올 수도 있다.

혹시 하나님이 당신에게 꿈과 소명을 보여 주셨는가? 하나님이 당신을 위해 예비하신 계획을 말씀해 주셨는가? 하지만 광야에서는 하나님을 찾고 그분의 말씀에 순종할수록 그분이 주신 꿈이 오히려 더 멀어지는 것만 같은 경험을 하기 쉽다.

요셉의 경우가 그러했다. 하나님은 요셉에게 리더의 꿈을 주셨다. 심지어 형들과 부모까지 그의 권위 아래로 들어갈 것이라고 말씀하셨다. 그런데 요셉이 그런 꿈을 꾸고 나서 어떤 일이 벌어졌는가? 그를 보호해야 할 형들이 오히려 그를 구덩이에 던졌고, 얼마 뒤에는 외국 땅으로 가는 상인들에게 노예로 팔렸다. 요셉이 느꼈을 충격과 실망감, 고통이 상상이 가는가?

필시 요셉은 하나님이 최대한 빨리 기적적으로 개입하셔서 자신을 구해 주리라 생각했을 것이다. 하지만 노예 생활이 몇 달, 심지어 몇 년도 아닌 십 년 넘게 이어지면서 그런 희망은 점점 사라져만 갔다.

십 년이면 모든 것을 포기할 만큼 긴 세월이다. 요셉이 그 고생을 하는 동안 그를 고통 속에 밀어 넣은 자들은 자유롭게 살며 갑부 아버지의 풍요를 누리고 있었다. 생각만 해도 피가 거꾸로 솟는 일이다!

그래서 요셉은 어떻게 했을까? 광야에서 그의 반응은 무엇이었을까? 그는 믿음과 약속을 굳게 부여잡은 채 계속해서 하나님을 섬겼다. 그는 충성스럽고 지혜롭고 부지런하게 처신한 결과, 결국 막대한 성공을 경험했다.

하지만 당장 요셉의 상황은 더 나빠지기만 했다. 주인 아내가 요셉에게 추파를 던진 것이 화근이었다. 주인 아내는 한두 번도 아니고 집요하게 요셉을 유혹했다. 하지만 요셉은 하나님께 순종하여 매번 유혹을 뿌리쳤다. 마침내 여자가 노골적으로 접근하자 요셉은 말 그대로 손을 뿌리치며 도망쳤다. 이에 화가 난 여자는 요셉에게 억울한 누명을 씌워 지하 감옥에 넣었다(당시 정부 관리의 부인을 강간하려고 시도한 외국인 노예는 다시는 바깥세상을 볼 수 없었다).

감옥에 들어가면 생각할 시간이 아주 많다. 요셉이 어떤 생각을 떨쳐내느라 사투를 벌였을지 상상이 가는가? '평생 하나님을 충성스럽게 섬겼는데 내게 어찌 이런 일이 일어날 수 있는가? 아무 잘못도 없이 이 지하 감옥에 갇혀 평생을 썩게 되었어. 이제 내 인생은 끝났어! 사악한 형들은 잘 먹고 잘 살고 있겠지. 도대체 내가 무슨 잘못을 했기에. 내가 한 일이라곤 하나님이 주셨다고 착각한 꿈을 형들에게 말한 것뿐인데 이 꼴이 되다니. 이제 하나님을 섬겨야 무슨 소용인가. 하나님께 순종할수록 삶은 더 힘들어지잖아.'

누구도 요셉이 이런 생각을 했다고 비난할 수 없다. 나라도 이런 생각을 했을 것이다. 그런데 어느 날, 지하 감옥에서 요셉은 가장 중요한 광야 시험을 만났다. 하나님은 요셉의 곁에 두 사람을 보내셨다. 한 명은 떡 굽는 관원장이고 다른 한 명은 술 맡은 관원장이었는데, 하루는 둘 다 이해할 수 없는 꿈을 꾸게 되었다. 만약 요셉이 하나님과 그분의 약속에 대한 믿음을 잃었다면 자신만을 생각할 뿐 남이 꿈을 꾸든 말든 신경도 쓰지 않았을 것이다. "간밤에 꿈을 꾸었다고요? 휴, 나도 예전에 꿈을 꾸었죠. 그걸 하나님이 주신 꿈이라고 철석같이 믿었건만. 하지만 분명히 말할게요. 꿈은 이루어지지 않아요. 꿈은 헛되고 공허한 거예요. 사람을 미치게만 만들죠. 그러니까 제발 나를 그냥 내버려 둘래요?"

요셉이 이런 식으로 반응했다면 몇 년 더, 혹은 평생을 광야에서 보내야 했을 것이다. 그것은 자유 행 티켓을 스스로 버리는 꼴이었다(나중에 술 맡은 관원장은 왕에게 요셉의 해몽 능력을 알렸고, 그것이 요셉이 석방되고 승진되는 계기가 되었다). 요셉이 신세한탄만 하고 있었다면 결국 그 지하 감옥에서 매일같이 하나님께 원망만 쏟아내다가 한 많은 생을 마감하고 말았을 것이다. "하나님은 전혀 신실하지 않아. 전혀 약속을 지키지 않는 신이야!"

하지만 요셉은 전혀 그러지 않았다. 그는 하나님의 약속과 상충하는 생각과 논리를 뿌리치고 두 관원장을 섬기기로 선택했다. 그는 변함없이 하나님께 순종했다. 그 결과는 무엇이었을까? 결국 그는 자유를 얻었고, 나중에는 제국의 2인자 자리에까지 올랐다.

요셉이 제국의 2인자 자리에 오른 지 9년 뒤, 극심한 기근이 일어난 상황에서 형들이 애굽으로 찾아와 그의 앞에 서게 되었다. 하지만 요셉은 여느 사람들처럼 복수를 선택하지 않았다. 이제 그는 제국의 리더다운 인격을 갖추고 있었다. 그는 형들의 악을 오히려 선으로 갚았다. 그는 원한에 불타는 사람이 아니라 자신을 배신한 자들을 향한 사랑과 용서, 그리고 믿음으로 가득한 사람이었다. 시편 기자가 요셉에 관해 뭐라고 말했는지 보자.

> 그(하나님)가 한 사람을 앞서 보내셨음이여 요셉이 종으로 팔렸도다 그의 발은 차꼬를 차고 그의 몸은 쇠사슬에 매였으니 곧 여호와의 말씀이 응할 때까지라 그의 말씀이 그를 단련하였도다(시 105:17-19).

하나님이 요셉에게 하신 약속이 이루어질 날은 오직 하나님만이 알고 있었다(요셉이 꿈을 꾼 지 20년 이상 이후). 그때까지 광야에서 요셉은 인생과 가족, 리더십의 집을 잘 짓기 위한 인격을 착착 길러가고 있었다. 요셉이 거둔 모든 성공의 열쇠는 하나님에 대한 경외였다. 어떤 상황에서도 그는 변함없이 하나님의 말씀을 따랐다.

자, 당신은 어떤가? 하나님이 당신을 통해 이루시려는 꿈과 비전을 보여 주셨는가? 하나님이 당신을 위해 마련하신 계획을 말씀해 주셨는가? 하지만 요셉처럼 지금 당신은 광야에 있다. 하나님을 찾고 그분의 말씀에 순종할수록 그분이 마음속에 주신 꿈에서 오히려 점점 더 멀어지고 있는 것만 같다.

남들, 심지어 당신의 사역을 방해하는 자들이 승승장구하고 있다. 반면, 당신은 하나님이 주신 꿈과 정반대 방향으로 달려가고 있는 듯하다. 최선을 다해도 비전은 점점 멀어져만 가는 것 같다.

하나님을 찾지 않는 주변의 세상적인 사람들이 오히려 번영하고 있는 것처럼 보인다. 그들이 물질적, 사회적 '복'을 받고 있다. 아첨이나 술수로 성공가도를 달리는 자들이 수두룩하다. 부정적인 뒷거래와 거짓말을 일삼는 자들이 '복'을 받는 것처럼 보이고, 당신은 요셉처럼 바로의 지하 감옥에서 족쇄에 묶여 있다.

이런 상황에서 당신은 어떻게 하고 있는가? 불평하고 있는가? 하나님이 뭐라고 말씀하시는지 보자.

> 여호와가 이르노라 너희가 완악한 말로 나를 대적하고도 이르기를 우리가 무슨 말로 주를 대적하였나이까 하는도다 이는 너희가 말하기를 하나님을 섬기는 것이 헛되니 만군의 여호와 앞에서 그 명령을 지키며 슬프게 행하는 것이 무엇이 유익하리요 지금 우리는 교만한 자가 복되다 하며 악을 행하는 자가 번성하며 하나님을 시험하는 자가 화를 면한다 하노라 함이라(말 3:13-15).

여기서 불평꾼들이 뭐라고 말하는가? 그들은 이렇게 말하고 있다. "이렇게 힘든데 하나님께 순종해 봐야 무슨 소용인가. 나는 망해가고 있는데 세상적인 악인들은 복을 받아 번영하고 있으니 말이다."

하나님은 이런 불평을 그분 자신을 향한 불경한 말로 여기신다.

이스라엘 자손들은 불평으로 인해 약속의 땅에 들어가지 못했다. 그렇다면 왜 불평이 하나님에 대한 모욕일까? 왜 이스라엘 자손들은 '겨우' 불평으로 인해 엄한 심판을 받았을까? 그것은 불평이 대놓고 말하지만 않을 뿐이지 은근히 하나님을 비꼬는 것이기 때문이다. "당신의 방식이 영 마음에 들지 않습니다. 제가 당신이라면 이렇게 하지 않을 겁니다." 이는 하나님에 대한 경외심이라곤 눈곱만큼도 없는 말이다.

하나님은 그분을 추구하는 사람과 이익을 추구하는 사람을 정확히 구별하신다. 전자는 하나님 앞에서 변함없는 모습을 보이지만, 후자는 상황이 자신의 눈에 마음에 들지 않으면 곧바로 불평으로 돌아선다. 세상 사람들이 복이라고 '부르는' 것과 '진짜' 복은 완전히 다르다. 올바른 태도(마음)를 지니지 못한 자들의 '복'은 오래 가지 않는다. 하나님이 이기적인 동기로 불평하는 자들과 그들의 복을 어떻게 하겠다고 말씀하시는지 보라.

> 너희 제사장들(불평하는 신자들)아 이제 너희에게 이같이 명령하노라 만군의 여호와가 이르노라 너희가 만일 듣지 아니하며 마음에 두지 아니하여 내 이름을 영화롭게 하지 아니하면 내가 너희에게 저주를 내려 너희의 복을 저주하리라 내가 이미 저주하였나니 이는 너희가 그것을 마음에 두지 아니하였음이라(말 2:1-2).

우리의 보상이나 유산은 재물이나 지위로 이루어져 있지 않다. 우리의 유산은 바로 하나님이시다!

에스겔 44장 28절은 이렇게 말한다. "그들에게는 기업이 있으리니 내가 곧 그 기업이라 … 내가 그 산업이 됨이라."

오늘날 많은 그리스도인들이 '참된' 유산에서 눈을 떼어 재물이나 지위에 시선을 고정하고 있다. 심지어 하나님이 주신 좋은 것들이라도 그것들에 온통 시선을 빼앗긴 사람은 아버지와의 관계보다 아버지가 주는 것에 더 관심이 많은 아들과도 같다. 내겐 네 아들이 있는데, 나는 당연히 아들들에게 뭐든 주기를 좋아한다. 하지만 아들들이 내게서 뭔가를 얻을 때만 내게 관심을 보인다면 가슴이 아플 것이다. 계속해서 성경이 뭐라고 말하는지 보자.

> 그때에 여호와를 경외하는 자들이 피차에 말하매 여호와께서 그것을 분명히 들으시고 여호와를 경외하는 자와 그 이름을 존중히 여기는 자를 위하여 여호와 앞에 있는 기념책에 기록하셨느니라 (말 3:16).

이들도 '불평꾼들'과 똑같은 광야를 지나는 사람들이다. 하지만 이 부류의 우선사항은 지위나 명예, 재물이 아니다. 그들은 하나님의 마음을 찾는 자들이다. 그들 속에서 하나님을 알고자 하는 열정이 타오르고 있다. 그들에게 사회나 비즈니스에 관한 이야기를 하면 그저 고개를 끄덕일 뿐이지만, 그들에게 하나님과 그분의 말씀에 관한 이야기를 하면 그 즉시 눈빛이 번뜩인다.

그들은 다음 구절에서 누가가 말하는 사람들과 같다. "그들이 서로 말하되 길에서 우리에게 말씀하시고 우리에게 성경을 풀어 주실 때에 우리 속에서 마음이 뜨겁지 아니하더냐?"(눅 24:32) 그들의 갈망은 성령의 것들에 '고정되어' 있다. 그들은 늘 이렇게 말한다. "하나님을 알고 싶어. 하나님을 기쁘시게 하고 싶어. 하나님의 말씀을 향한 굶주림과 갈망으로 견딜 수가 없어. 하나님은 내 기쁨의 근원이시기 때문에 하나님도 나로 인해 기뻐하셨으면 좋겠어."

그들에게는 이것이 가장 중요하다. 그들의 첫사랑은 지위나 재물이 아닌 예수님이시다. 그들의 태도는 광야의 한복판에 있든 수천 명 앞에서 설교를 할 때든 변함이 없다.

> 우리는 하나님의 동역자들이요 너희는 하나님의 밭이요 하나님의 집이니라 내게 주신 하나님의 은혜를 따라 내가 지혜로운 건축자와 같이 터를 닦아 두매 다른 이가 그 위에 세우나 그러나 각각 어떻게 그 위에 세울까를 조심할지니라(고전 3:9-10).

우리는 삶을 어떻게 지을지에 깊은 관심을 기울여야 한다. 성경에서는 삶을 일구고 하나님의 나라를 섬기는 것을 집을 짓는 것에 비유한다. 하나님께 속한 사람은 곧 하나님의 집이다.

> … 예수 …그는 자기를 세우신 이에게 신실하시기를 모세가 하나

님의 온 집에서 한 것과 같이 하셨으니 그는 모세보다 더욱 영광을 받을 만한 것이 마치 집 지은 자가 그 집보다 더욱 존귀함 같으니라 집마다 지은 이가 있으니 만물을 지으신 이는 하나님이시라(히 3:1-4).

여기서 누가 집을 짓는지 보라. 바로, 하나님이시다. 우리 육체의 힘으로 집을 짓는 것이 아니다. 뭐든 하나님이 지으시는 것은 계속해서 유지되지만 우리가 짓는 것은 그렇지 않다. “여호와께서 집을 세우지 아니하시면 세우는 자의 수고가 헛되며”(시 127:1). 인생이든 집이든 심지어 목회까지 사람이 하나님 없이 홀로 짓는 집은 오래 가지 않는다.

창세기 11장 4절에서 그 실례를 확인할 수 있다. “자, 성읍과 탑을 건설하여 그 탑 꼭대기를 하늘에 닿게 하여 우리 이름을 내고.” 바벨탑을 쌓은 자들의 동기는 무엇이었는가? 그들은 자기중심적인 꿈을 이루기를 원했다. 그들은 자신들의 영광을 위해 건물을 쌓았다. 그들은 하나님처럼 되기를 원했다. 하나님에게서 완전히 독립한 하나의 신이 되기를 원했다. 그들은 하나님의 뜻이 아닌 자신들의 욕심과 뜻을 추구했다. 하지만 하나님을 떠난 건축 사업은 성공할 수 없다. 설령 아무리 숭고한 뜻으로 시작한 일이라 해도 하나님 없이 한다면 헛된 수고일 뿐이다. 이것이 성경이 우리에게 다음과 같이 경고하는 이유다.

각각 어떻게 그 위에 세울까를 조심할지니라 … 이 터는 곧 예수 그리스도라 만일 누구든지 금이나 은이나 보석이나 나무나 풀이나 짚으로 이 터 위에 세우면 각 사람의 공적이 나타날 터인데 그 날이 공적을 밝히리니 이는 불로 나타내고 그 불이 각 사람의 공적이 어떠한 것을 시험할 것임이라(고전 3:10-13).

금과 은, 보석은 하나님의 건축 방식을 의미한다. 나무와 풀, 짚은 세상의 청사진에 따른 우리의 건축 방식을 의미한다. 이 구절이 최후의 심판만을 이야기하는 것일까? 그렇지 않다. 이 구절은 하나님이 그분의 성전에 오시는 때를 이야기한다(말 3:16-4:1; 고전 3:16-17). 하나님은 불로 오셔서 나무와 풀, 짚은 '태워버리고' 금과 은, 보석은 '연단하신다.' 이것이 바울이 계속해서 이렇게 말한 이유다. "누구든지 그 공적이 불타면 해를 받으리니 그러나 자신은 구원을 받되 불 가운데서 받은 것 같으리라"(15절).

강한 의지 같은 자신의 벽돌이나 세상적인 프로그램과 기법으로 인생이나 사업체, 목회를 지으면 사람들을 교묘히 조종하거나 위협으로 통제하면 지위를 얻기 위해 힘 있는 자들에게 아부하면 비판이나 험담으로 남들을 밟고 일어서면 그런 방식으로 얻은 것들은 다 불타서 없어져 버린다.

많은 사람이 파괴적인 기법을 사용하거나 심지어 노골적인 거짓말을 해서 스스로를 높이려고 한다. 그렇게 쌓은 탑도 타버릴 것이다. "아무도 자신을 속이지 말라 너희 중에 누구든지 이 세상에서 지혜 있는 줄로 생각하거든 어리석은 자가 되라 그리하여야 지혜로운 자가 되리라 이 세상 지혜는 하나님께 어리석은 것이니"(고전 3:18-19).

하나님 눈에는 우리가 자신을 위해 하는 일은 모두 나무요 풀이며 짚에 불과하다. 겉으로는 아무리 남들에게 도움이 되어 보여도 소용없다. 아무리 예수님의 이름을 내걸어도 소용없다. 아무리 자신의 귀한 시간을 희생해도 소용없다. 그렇게 이룬 일은 모두 불타버린다.

세상 지혜의 초점은 철저히 자아다. "그러나 너희 마음속에 독한 시기와 다툼이 있으면 자랑하지 말라 … 이러한 지혜는 위로부터 내려온 것이 아니요 땅 위의 것이요 정욕의 것이요 귀신의 것이니"(약 3:14-15). 시기는 경쟁과 의심을 낳는다. 자신의 것을 지키기 위해 아귀다툼을 벌이는 자들, 그 와중에 친구도 양심도 잃고, 무엇보다도 하나님과의 관계가 망가진다. 심지어 목사를 비롯한 사역자들도 지위나 직함, 연봉에 눈이 멀어 하나님에게서 멀어지는 일이 비일비재하다.

어떤 이들은 진정으로 하나님의 마음을 찾기는 하되 그분을 찾을수록 오히려 그분에게서 더 멀어지는 딜레마에 빠져 있다. 그들이 답답해서 부르짖으면 하나님은 다음과 같이 대답하신다.

> 너희는 나를 불러 주여 주여 하면서도 어찌하여 내가 말하는 것을 행하지 아니하느냐 내게 나아와 내 말을 듣고 행하는 자마다 누구와 같은 것을 너희에게 보이리라 집을 짓되 깊이 파고 주추를 반석 위에 놓은 사람과 같으니(눅 6:46-48).

우리 가족이 댈러스에 살 때 나는 마천루가 건축되는 모습을 눈여겨보았다. 처음에는 공사 속도가 한없이 느려 보였다. 기초를 만들기 위해 바위를 부수고 땅을 파는 데만 몇 달이 걸렸다. 건물이 클수록 기초를 만들기 위한 공간이 더 깊고 넓었다. 땅 위에서는 공사가 너무나 지지부진해 보였다. 그런데 어느 날부터 갑자기 높은 건물이 빠른 속도로 올라갔다. 준비 과정에 비하면 건물을 올리는 과정은 거의 하룻밤 사이에 완성된 것처럼 느껴졌다.

'상향 진행'은 '하향 준비'에 비하면 아무것도 아니었다. 나는 그리스도인 중 많은 사람이 하향 준비 과정 중에 있다고 믿는다. 특히, 젊은 세대가 그렇다. 이 얼마나 감사한 일인가! 그들은 하나님께 목회를 비롯한 여러 귀한 소명의 비전을 받았다. 하지만 현재는 섬기는 위치에 있다. 상황이 그리 빨리 진전되는 것처럼 보이지 않는다. 하지만 나는 그들이 광야에서 하나님의 철저한 준비 과정을 거치고 있다고 믿는다. 기초가 세워지고 있다. 그리스도의 인격이 형성되고 있다. 장차 그리스도와 그분의 나라를 충성스럽게 섬길 모든 사람이 이 인격으로 움직일 것이다.

광야에 있지 않고 정치나 자기 홍보 기술로 빠르게 상승하고 있는 이들이 있다. 광야를 지나는 사람들은 지지부진한 자신을 보며 자신도 그들처럼 빠르고 쉬운 길로 가고 싶은 유혹을 느낄 수 있다. 하지만 쉬운 길은 강한 인격을 낳지 못하고 오히려 지금까지 쌓은 인격마저 갉아먹는다는 것을 알기에 그 유혹을 뿌리친다. 그들은 하나님이 그리스도라는 바위 위에 탄탄한 기초를 쌓으실 때까지 참을성 있게 기다린다.

지금, 하나님을 부지런히 찾지만 아무런 열매가 보이지 않는 답답한 상황에 처해 있는 목사들이 있다. 그들은 메마른 장소 혹은 시기에 있다. 반면, 그들과 달리 세상적인 마케팅 기법으로 자신과 사역을 성공적으로 선전하는 이들이 있다. 그들은 소셜 미디어를 통해 자신이 엄청나게 행복하고 엄청난 성공을 거둔 것처럼 포장한다. 하지만 하나님은 광야 거류민들이 그런 방식으로 사역의 집을 짓도록 허락하시지 않는다. 그것은 하나님이 그들을 위해 오래 가는 견고한 기초를 준비하고 계시기 때문이다.

그런가 하면 하나님이 아직 특정한 직책이나 장소를 보여 주시지는 않았지만 분명한 꿈을 주신 사람들이 있다. 그런데 그들은 그 꿈이 도대체 언제 이루어질지 몰라 답답해 하고 있다. 꿈의 성취는 오히려 점점 멀어지고 있는 것만 같다.

이런 메마른 광야의 시기에 하나님은 뭐든 기만이나 계산된 자기 홍보나 속임수로 짓는 사람들과 순종으로 그분을 기다리는 사람들을 구별하신다. 하나님은 그분이 다시 오실 그날을 기다리는 사람들을 광야에서 해방시켜 그분이 예비하신 진정한 높임을 허락해 주신다.

> 내가 정한 기약이 이르면 내가 바르게 심판하리니 … 무릇 높이는 일이 동쪽에서나 서쪽에서 말미암지 아니하며 남쪽에서도 말미암지 아니하고 오직 재판장이신 하나님이 이를 낮추시고 저를 높이시느니라(시 75:2-7).

인간의 힘으로 지은 것은 연단을 견디지 못한다

육과 영 사이의 긴장은 삶의 모든 측면에 적용된다. 명심하라. 육신으로는 결코 하나님의 약속을 이룰 수 없다! 육신으로 뭔가가 탄생한다면 그것은 엄청난 행운이다. 하지만 그렇게 탄생한 것은 육신이 유지시켜야 한다. 반면, 성령으로 탄생한 것은 하나님이 유지시켜 주신다.

육신을 의지하는 리더들은 언제나 조작과 통제를 사용한다. 즉, 자신이 원하는 결과를 얻어내기 위해 힘을 사용하거나 특정한 감정을 부추긴다. 우리가 이런 리더를 도와 성공을 거두어 봐야 그것은 사실상 우리의 성공이 아닌 '그들의' 성공이다. 그들의 '리더십'은 압박이나 율법주의, 지배, 조작에 불과하다.

여기서 주로 목회를 다루고 있지만 이것이 단순히 목회에만 국한된 이야기는 아니다. 육신의 힘으로 탄생한 '모든 것'이 이와 같다. 시장이나 교육, 의료, 정부, 군대, 스포츠를 비롯해서 우리가 무엇으로 부름을 받았든지 육신의 노력은 언제나 무익하다.

반면, 성령으로 뭔가를 탄생시킨 사람은 그것의 탄생에 자신이 아무런 역할을 하지 않았다는 점을 이해한다. 그래서 자신의 능력으로 그것을 유지하거나 성장시킬 수 없다는 것을 안다. 하나님이 창조하거나 지으신 것은 그분이 알아서 돌보아 주신다.

이삭이 태어났을 때 이스마엘은 이미 탄탄한 입지를 갖추고 있었다(창 16-21). 내가 겪고 보니, 약속된 이삭이 탄생하기 전에는 반드시 이스마엘을 낳을 기회가 나타난다. 따라서 우리는 하나님이 약속하신 것을 자신의 힘으로 이루려는 유혹을 뿌리쳐야만 한다. 다음 구절을 마음에 새기라. "이 여종과 그 아들을 내쫓으라 이 종의 아들은 내 아들 이삭과 함께 기업을 얻지 못하리라"(창 21:10).

하나님이 백성들에게 이렇게 말씀하실 날이 오고 있다. "이스마엘을 낳으려는 시도들을 내던지라. 육신의 자손은 약속의 자손과 함께 기업을 얻지 못하리라." 심지어 육신의 시도들이 생산적이라 해도 하나님은 그 어떤 육신도 영광을 얻지 못하도록 "내쫓으라!"라고 말씀하실 것이다.

하나님의 심판이 임할 때 우리 힘으로 지은 모든 것은 연단의 불을 견뎌내지 못할 것이다. 자신을 지키고 높이려는 노력으로 삶 전체를 짓는다면 삶이 송두리째 타버릴 것이다. 하지만 당신은 "구원을 받되 불 가운데서 받은 것 같으리라"(고전 3:15).

오직 하나님의 영과 은혜로 약속을 받고 잉태되어 탄생한 것만이 끝까지 남을 것이다.

Survival TIP

광야에서 살아남기 위한 생존 팁 8

불평을 그치고, 하나님을 끝까지 신뢰하라

광야가 우리에게 유익한 것이라면 어떻게 해야 우리는 좋은 행동을 유지하고 나쁜 행동을 피해 그 유익을 제대로 거둘 수 있을까?

여호수아는 광야에서 올바른 태도를 유지한 사람의 좋은 예다. 모세가 시내 산에 올라갔을 때 그는 산자락에 머물렀다. 그것은 하나님의 임재에 최대한 가까이 다가가고 싶었기 때문이다. 모세가 장막 안에서 하나님을 만났을 때 여호수아는 그분의 임재에 가까이 다가가기 위해 함께 장막 안으로 들어갔다. 심지어 모세가 용무를 마치고 나온 후에도 여호수아는 회막 안에 머물렀다(출 3:11).

여호수아서를 보면 광야 1세대(부모 세대)를 오염시킨 죄의 다섯 가지 영역이 광야 2세대(여호수아 세대)에서는 곧바로 나타나지 않았다는 것을 볼 수 있다. 그러다가 아간으로 인해 그 죄가 다시 나타났다. 하지만 리더들과 백성들은 즉시 하나님께 그 일을 처리해 달라고 요청했다. 2세대는 이전 세대의 실패를 목격했기 때문에 올바로 행동할 수 있었다. 그들은 자신들의 부모들이 약속의 성취를 보지 못하고 모두 광야에서 죽은 것을 똑똑히 보고 교훈을 얻었다.

여호수아와 그의 세대는 늘 창조주께 시선을 고정한 덕분에 약속의 땅에 들어갈 수 있었다. 그들은 변함없이 하나님의 말씀에 순종했고 하나님을 바라본 덕분에 낙심에 빠지지 않았다. 그들은 불평하기를 거부했고, 하나님을 끝까지 믿었다.

아이가 자라며 심령이 강하여지며
이스라엘에게 나타나는 날까지 빈들에 있으니라
-누가복음 1장 80절

하나님은 고난의 고지대에서
최정예 병사들을 차출하신다.
-찰스 스펄전(Charles H. Spurgeon)

Chapter 9

믿음의 강화

영적 근육 키우기

오래전 나는 광야의 시기와는 또 다른 유형의 고난을 경험했다. 나에게 있어 이 고난은 그리스도의 제자로서 성장시키고 믿음을 강화시키는 준비가 왜 필요한지를 가르쳐 주는 시간이었다. 나의 광야가 궁금한가? 자, 놀라지 말라. 이 고난은 메마른 광야가 아니었다. 이 고난은 헬스클럽에서 이루어졌다.

당신의 광야는
——— 어디인가

서른다섯 살 때 나는 조지아 주 애틀랜타의 한 교회에서 온 힘을 다해 설교하다가 그만 설교단에서 기절할 뻔했다. 건강의 적신호에 정신이 번쩍 들었다. 오랫동안 목회를 잘 하려면 하루라도 빨리 운동을 시작해야겠다는 생각이 들었다. 집에 돌아오자마자 아내에게 그 일을 알리고 나서 곧바로 헬스클럽에 등록하겠다고 선언했다.

뜻밖에도 아내의 대답은 이러했다. "하나님, 감사합니다. 당신이 헬스클럽에 가게 해 달라고 오랫동안 기도했어요!" 남편을 위해 늘 기도하는 아내를 둔 나는 참으로 행복한 남자다!

당시 우리는 플로리다 주에서 살고 있었는데, 우리 집에서 두 집 건너에는 킵(Kip)이라는 이름의 WWF 프로 레슬러가 살고 있었다. 우리는 비슷한 또래의 자녀를 둔 덕분에 친해졌다. 킵은 내게 헬스클럽에서 훈련시켜 주겠다고 수없이 권했지만 나는 매번 바쁘다는 핑계로 거절을 했다. 실제로 바쁘기도 했고 약간 무섭기도 했다. 당신이라면 프로 레슬러에게 훈련을 받고 싶겠는가?

킵은 덩치가 산만큼 컸다. 키는 190센티미터가 넘고 몸무게는 100킬로그램이 넘는데 체지방은 6퍼센트에 불과했다. 가슴은 완벽한 V를 그리고 있었고 복근은 식스 팩을 넘어 에잇 팩에 도달해 있었다. 우리는 아이들과 함께 자주 집 앞에서 길거리 농구와 하키를 즐겼다. 그런데 킵과 부딪히면 심지어 그가 움직이지도 않았는데 내 몸은 순식간에 대여섯 발자국 뒤로 날아갔다.

기절해서 망신을 당할 뻔했던 그 애틀랜타 출장에서 돌아온 나는 당장 그의 집을 찾아갔다. “킵, 헬스클럽에 좀 다녀야겠어요. 나를 훈련시켜 주겠다고 했죠? 그 말, 아직도 유효한가요?”

“물론이죠. 제대로 한번 해 봅시다.” 남자다운 시원한 대답이었다. 그때 그의 얼굴에 떠오른 야릇한 미소를 눈치챘어야 하는 건데. 어떤 지옥 훈련이 나를 기다리고 있는지 전혀 몰랐다.

이튿날 아침, 우리 둘은 헬스클럽으로 향했다. 문을 열자마자 운동에 목숨을 건 사람들만 오는 곳임을 직감했다. 땀 냄새가 진동을 했다. 그날 내가 배운 사실 중 하나는, 가벼운 역기를 이삼십 번 들어서는 근육을 키울 수 없다는 것이다. 근육을 키우려면 서너 번밖에 들 수 없는 무거운 역기를 들어야 한다.

무거운 역기를 서너 번 들고 나면 근육에서 좋은 일이 일어나기 시작한다. 그 순간, 우리 안의 모든 것이 “더 이상 들 수 없어!”라고 외친다. 하지만 역기 주변의 모든 사람이 “힘내라! 힘내라!”를 외칠 때 우리 안의 다른 뭔가가 우리로 하여금 온 힘을 쏟아서 역기를 한두 번 더 들게 만든다. 그때 진짜 근육이 만들어진다.

부끄럽게도 그날 내가 들 수 있는 최고 무게는 45킬로그램이었다. 그때 필시 킵은 속으로 한숨을 내쉬었을 것이다. 운동을 시작한 지 2주 뒤 나는 50킬로그램을 성공시켰다. 다시 몇 주 뒤에는 52킬로그램을 해냈고, 그 다음에는 55킬로그램에 도달했다. 마침내 60킬로그램을 들어 올렸을 때는 너무 자신감이 넘쳐서 20킬로그램짜리 웨이트를 양쪽에 더 꼈다. 하지만 결국 창피만 당하고 말았다.

더 큰 시련을 감당할 능력을 기르다

이 이야기는 나중에 조금 더 하기로 하자. 일단 여기서는 이렇게 육체적 힘을 천천히 키우는 과정이 하나님이 우리를 광야의 '헬스클럽'으로 데려가 영적 근육을 키워 주시는 과정과 매우 비슷하다는 말을 하고 싶다.

우리의 영이 강해지는 곳은 광야다. 광야는 우리에게 메마름에 지쳐 "하나님, 도대체 어디에 계십니까?"라고 부르짖게 되는 곳일 뿐 아니라 극심한 시련과 시험의 장소이기 때문이다. 좋은 소식은 광야가 힘들기는 하지만 그 영적 근력 훈련의 기간에 우리가 역기를 들어 올릴 수 있도록 위에서 끌어당겨 주시는 분이 계시다는 것이다.

> 만일 하나님이 우리를 위하시면 누가 우리를 대적하리요(롬 8:31).

하나님은 우리를 위하시고 도와주실 뿐 아니라 은혜로운 약속을 해 주셨다.

> 하나님은 미쁘사 너희가 감당하지 못할 시험 당함을 허락하지 아니하시고(고전 10:13).

따라서 우리가 어떤 시험을 당하거나, 어떤 황량한 곳을 지나고 있든, 하나님은 우리가 충분히 이겨 낼 수 없는 상황을 허락하시지 않는다고 약속해 주셨다. 이는 생각할수록 놀랍고 감사한 약속이다.

시험을 맞닥뜨릴 때마다 우리가 누구인지를 잊지 말아야 한다. 예수님은 하나님의 자녀인 우리에게 이렇게 말씀하셨다.

> 내가 너희에게 … 원수의 모든 능력을 제어할 권능을 주었으니 너희를 해칠 자가 결코 없으리라(눅 10:19).

따라서 적이 어떤 시험을 던져도 우리가 이겨 낼 수 있다는 사실을 명심해야 한다. 우리가 이겨 낼 수 없는 시험이라면 애초에 하나님이 허락하시지 않는다!

하지만 여기서 문제가 발생할 소지가 있다. 많은 사람이 더 큰 시련을 감당할 능력을 기르지 않는다. 어떻게든 헬스클럽을 피하려고 하고, 억지로 그곳에 들어가서는 앓는 소리만 하는 경우가 다반사다. 하지만 바울은 전혀 다른 태도를 보여 준다.

> 그리스도를 위하여 너희에게 은혜를 주신 것은 다만 그를 믿을 뿐 아니라 또한 그를 위하여 고난도 받게 하려 하심이라(빌 1:29).

혹시 고난을 당할 은혜를 "주신"다는 대목에서 머리를 긁적이지 않았는가? 도대체 이것이 무슨 뜻인가? 누군가가 우리에게 뭔가를 준다고 하면 당연히 좋은 것을 기대하기 마련이다.

어떻게 '주다'와 '고난'이 한 문장에서 나타날 수 있는가? 이 구절은 마치 "너희의 생일에 치과에 갈 은혜를 주신 것은"이란 말과도 비슷하다. 어떤가? 감사한 마음이 드는가? 도무지 말이 되지를 않는다. 그것은 우리 현대인들이 원하는 삶은 편안한 삶이기 때문이다. 따라서 '고난'을 받는다는 것은 우리로서는 이해하기 힘든 일이다. 고난이 닥치면 대부분의 사람들은 다음과 같은 식으로 말한다.

"내게 이런 일이 일어나다니 믿을 수 없어."

"왜 하필 나야?"

"내가 왜 이런 일을 겪어야 해?"

"정말 싫어."

"내가 얼마나 힘든지 아무도 모를 거야."

"왜 나는 평범하게 살지 못하는 거지?"

"하나님, 제발 이 고난을 치워 주세요!"

"이젠 지긋해. 그냥 포기하는 편이 더 낫겠어."

다들 역경 앞에서 이런 생각이나 태도를 품은 적이 있을 것이다. 안타깝게도 우리는 시련과 고난(광야)의 목적을 이해하지 못할 때가 너무도 많다.

하지만 언제나 하나님은 우리에게 무엇이 필요한지를 아신다. 하나님은 우리가 그분의 나라를 위해 더 큰 열매를 맺게 하기 위해 어떤 힘을 길어야 하는지를 정확히 아신다. 바로 이것이 바울이 믿음 근육을 강화하기 위해 하나님이 전략적인 고난을 '주신다고' 말한 이유다.

영적 근육을 키우다

앞서 말했듯이 광야 근력 훈련의 목적 중 하나는 시험을 알아보고 이겨 내는 능력을 기르는 것이다. 예수님은 사역 초기 아버지의 허용(permitted)하에 마귀에게 광야에서 시험을 받으실 때 이 훈련을 경험하셨다. "예수께서 성령의 충만함을 입어 요단강에서 돌아오사 광야에서 사십 일 동안 성령에게 이끌리시며 마귀에게 시험을 받으시더라"(눅 4:1-2).

위에서 나는 일부러 '허용'이란 단어를 사용했다. 그것은 하나님이 시험을 주시는 분이 아니기 때문이다.

> 사람이 시험을 받을 때에 내가 하나님께 시험을 받는다 하지 말지니 하나님은 악에게 시험을 받지도 아니하시고 친히 아무도 시험하지 아니하시느니라(약 1:13).

시험을 받을 때 우리에게 어떤 일이 일어나고 있는 것인가? 일단, 사탄의 의도는 우리가 죄에 빠져 하나님에 대한 순종과 그분과의 관계에서 멀어지게 만드는 것이다. 사탄이 시험을 통해 그런 결과를 노리고 있다면 하나님은 왜 우리에게 시험을 허락하시는 것일까? 사도 바울은 이런 통찰을 제시한다.

> 그리스도께서 이미 육체의 고난을 받으셨으니 너희도 같은 마음

으로 갑옷을 삼으라 이는 육체의 고난을 받은 자는 죄를 그쳤음이니(벧전 4:1).

다시 말해, 이 광야 시험을 통해 죄를 비롯한 우리의 문제들을 정복하면 우리의 영적 근육을 키워 점점 더 성숙해 갈 수 있다. 이 구절에서 키워드는 "갑옷을 삼으라"다.

무장을 하지 않고서 전쟁터에 나가는 군대를 상상할 수 있는가? 무장 헬리콥터나 탱크, 소총, 탄약도 없이 나가라고 하면 어떻게 되는가? 그것은 죽으러 가는 것이나 마찬가지다. 그리스도의 제자가 고난과 시험을 위해 무장을 하지 않는 것이 바로 그런 꼴이다.

항공기 조종사가 혹시 모를 시련을 위해 무장하는 사람의 좋은 예다. 항공사는 6개월마다 한 번씩 조종사들을 훈련시킨다. 조종사들은 시뮬레이션 교육으로 상상할 수 있는 모든 최악의 상황에 효과적으로 대처하는 훈련을 한다. 그 목적은 응급 상황에 대처하는 능력을 기르는 것이다. 그래서 항공기에 위기가 발생하면 '무장하지' 않은 승객들은 그저 반응만 하지만 조종사는 대처를 한다. 왜일까? '무장'을 했기 때문이다.

광야가 순종하는 그리스도인들에게 바로 이런 무장을 시켜 준다. 광야에서의 역경은 미래의 더 큰 역경을 위해 우리를 무장시킨다. 광야에서의 역경이 반드시 우리에게 찾아온다는 사실을 알아야 한다. 예수님은 이 세상에서 우리가 고난과 환난을 당할 것이라고 말씀하셨다. 하지만 그분은 우리가 모든 고난을 이겨 내도록 도와주신다. 그리고 그 과정에서 우리는 전보다 더 강해진다.

시험은 미래를 위한 근력 강화 훈련이다

우리는 광야를, 하나님이 다음번에 주실 것을 위해 영적 근육을 키워 더 강해질 좋은 기회로 보아야 한다. 야고보는 다음과 같이 말한다.

> 내 형제들아 너희가 여러 가지 시험을 당하거든 온전히 기쁘게 여기라(약 1:2).

다들 기회를 좋아한다. 기회 하면 우리는 성장하고 성공하고 번영할 수 있는 기회를 떠올린다. 기회 하면 우리는 지경을 넓힐 기회를 떠올린다. 우리는 고난을 바로 이런 기회로 봐야 한다. 그 이유는 야고보서의 다음 구절에서 발견된다.

> 이는 너희 믿음의 시련이 인내를 만들어 내는 줄 너희가 앎이라 인내를 온전히 이루라 이는 너희로 온전하고 구비하여 조금도 부족함이 없게 하려 함이라(약 1:3-4).

광야에서 우리는 "인내를 이룰" 기회를 받는다. 오늘날 우리는 '인내'란 단어를 주로 어떻게 사용하는가? 나는 지구력(인내) 강화 훈련과 관련해서 그 단어를 자주 듣는다. 지구력 강화 훈련은 간단히 말해, 미래의 도전을 다룰 능력을 강화해 주는 훈련이다.

그렇다. 모든 시험은 하나님이 특별한 목적으로 허락하시는 것이며, 그 목적은 우리의 능력을 강화하는 것이다. 하나님은 우리가 내일 마주할 위기 상황에 대한 시뮬레이션 훈련으로서 오늘의 고난을 '허락'(다시 강조!)하신다(조종사의 비행 시뮬레이션 훈련이 기억나는가). 그래서 시련이 현재 우리의 능력이나 책임보다 더 힘들게 느껴지는 이유다. 요컨대, 하나님은 미래의 더 큰 승리를 위해 현재의 난관으로 우리를 강화시키고 계신다.

이제 내 역기 이야기로 돌아가 보자. 앞서 말했듯이 킵은 내가 50킬로그램을 들 수 있을 정도까지 훈련시켜 주었다. 이것만 해도 엄청난 발전이기는 했지만 더 무거운 역기를 들고 싶은 욕심이 생겼다. 영적 훈련에 빗대자면, 하나님이 나를 위해 50킬로그램 이상의 힘을 필요로 하는 일을 예비해 두시지는 않았을까 하는 생각을 한 것이라고 할 수 있겠다.

그래서 나는 계속해서 헬스클럽에 열심히 출근 도장을 찍었다. 그리고 결국 95킬로그램을 들어 올렸다. 하지만 아쉽게도 몇 년간 그 무게의 벽을 넘지 못했다. 그런데 한번은 캘리포니아 주의 한 집회에서 강연을 하는데 어떤 이들이 나를 찾아와 말했다. "목사님, 100킬로그램을 들어 본 적이 없다고요?"

"네. 5년 넘게 시도만 하고 있어요." 나는 풀이 죽은 표정으로 대답했다.

"그래요? 저희가 기록을 깨도록 도와드릴게요." 그들이 알려 준 대로 하자, 그날 바로 나는 100킬로그램을 들어 올렸다. 그 순간의 기쁨이란 말로 다 표현할 수 없다.

나중에 우리 사역 기관인 메신저 인터내셔널(Messenger International)에 새로운 팀원이 들어왔다. 이야기를 들어보니 그는 과거에 역도 선수였다. 그 사실을 알고 가만히 있을 내가 아니었다. 나는 당장 그에게 훈련을 받기 시작했다. 그 결과, 105킬로그램을 들게 되었다. 심지어 110킬로그램도 딱 한 번은 들어 올렸다. 하지만 내 역기 욕심은 그칠 줄 몰랐다.

1년 뒤 디트로이트의 한 교회에서 설교를 했는데, 주일 설교 후에 그곳의 목사가 내게 솔깃한 제안을 했다. "저를 봐 주시는 트레이너가 있는데, 전국적으로 아주 유명한 트레이너입니다. 우리 교회에 다니시죠. 내일 아침에 만나기로 했는데 같이 가시겠습니까?"

"물론이죠!" 다음날 한 헬스클럽에서 만난 트레이너는 내게 역기를 시켜보더니 이렇게 물었다.

"지금까지 최대로 들어 본 것이 110킬로그램이라고요?"

"네. 하지만 딱 한 번만 들어 봤을 뿐입니다."

"좋습니다. 오늘 그 이상을 들게 되실 겁니다."

'뭐라고? 머리가 어떻게 된 건가? 그건 불가능해!' 하마터면 그렇게 말을 할 뻔했다. 그런데 코치와 몇 시간 동안 훈련한 뒤에, 놀랍게도 나는 120킬로그램을 들어 올렸다.

나는 더없이 흥분했다. 내가 콜로라도로 돌아온 뒤에도 그 트레이너는 매주 이메일을 통해 코치해 주었다. 나는 그가 가르쳐주는 대로 최선을 다했고, 이듬해 디트로이트의 그 교회를 다시 방문했다. 당시 나는 42세였다. 그 주일 나는 성령의 놀라운 속성들에 관한 설교를 했다. 그리고 월요일, 우리 모두는 예전의 그 헬스클럽을 찾아가 그 트레이너를 만났다.

"간밤에 선생님이 135킬로그램 이상을 드는 꿈을 꾸었답니다."

트레이너의 말에 나는 손사래를 쳤다. "말도 안 돼요!"

"선생님, 어제 성령님의 능력에 관해 설교하셨죠? 성령님이 간밤에 제게 그런 꿈을 주셨습니다! 자, 저 벤치에 누우세요. 분명히 할 수 있어요!"

그래서 나는 워밍업을 하고 역기의 바에 웨이트를 끼고 크게 신음소리를 내며 … 150킬로그램을 들어 올렸다! 너무 흥분한 나는 디트로이트 공항에서 아내에게 전화를 걸었다. "여보, 비행기를 타지 않아도 집에 갈 수 있을 것 같아요. 지금 몸이 날아갈 것만 같거든요!"

내가 150킬로그램을 들었을 때는 보통 100킬로그램을 들던 시절이었다. 150킬로그램을 열 번에 한 세트씩 들 수 있었다. 하지만 7년 전 처음 역기를 들 때만 해도 150킬로그램을 상상도 할 수 없는 일이었다. 만약 내가 35세 때 킵이 바에 45킬로그램이 아닌 150킬로그램을 끼웠다면 나는 어떻게 되었을까? 보나마나 역기가 가슴에 떨어져 갈비뼈가 다 으스러졌을 것이다! 150킬로그램의 능력에 이른 것은 수년간의 꾸준한 노력 덕분이었다. 당시는 으레 들던 무게가 7년 전만 해도 내 목숨을 끝낼 만한 무게였다.

이것이 우리가 여러 상황에서 오랜 시간 동안 겪곤 하는 시험이 사실상 미래에 더 큰 시험에 대처할 수 있도록 우리를 준비시키는 영적 근력 강화 훈련인 이유다. 하나님 안에서 더 강해지면 그분의 나라를 건설하는 일에 더 큰 몫을 감당할 수 있다.

하지만 심판의 날 예수님께 "너를 위해 더 큰 일을 준비했지만 너는 그 일에 따르는 도전을 감당할 능력이 없었다"라는 말을 듣고 후회의 눈물을 흘릴 사람이 너무 많아 참으로 안타깝다. 하나님은 우리가 감당할 수 있는 수준 이상의 시험을 주시지 않기 때문에 더더욱 안타깝다. 하나님은 분명 우리가 감당할 수 있는 시험만 주겠다고 약속하셨다!

그러니 내 역기 이야기에서 교훈을 얻기를 바란다. 우리가 60킬로그램의 영적 도전밖에 들어 올릴 수 없다면 하나님은 85킬로그램의 반대나 핍박, 시험을 이겨내야 할 계획이나 자리를 예비해 놓으셨다 해도 그것을 허락하시지 않는다. 우리는 아직 그만큼 강해지지 않았기 때문이다. 그래서 하나님은 먼저 훈련 과정을 허락하신다. 하나님은 좀 힘들기는 하지만 우리가 완전히 무너지지 않을 만큼, 이를테면 70킬로그램 정도의 시험을 허락하신다. 단, 다시 말하지만 하나님이 시험을 주시는 것은 아니다.

예를 들어, 누군가 당신에 관한 헛소문을 퍼뜨리고 있다고 하자. 변명을 하며 같은 헛소문으로 반격하는 대신 묵묵히 하나님께 순종하고 오히려 그 사람을 축복하라. 그렇게 했는가? 정말 잘했다! 당신은 70킬로그램의 시험을 들어 올렸다! 이제 다음 단계인 80킬로그램에 도전할 차례다. 이어진 역경들 속에서도 변함없이 하나님의 말씀에 순종하면 훈련은 계속되어 85킬로그램에 이른다. 마침내 하나님이 계획하신 더 큰 계획 혹은 새로운 지위를 감당할 준비가 된다.

하지만 화가 나서 똑같이 험담과 가혹한 말로 맞받아치면 어떤 일이 벌어지는지 아는가? 하나님이 눈물을 흘리며 이렇게 말씀하신다. “정말 미안하지만 너는 65킬로그램짜리 도전으로 돌아가서 좀 더 배우고 와야겠다.” 이렇게 ‘헬스클럽’에 있으면서도 아무런 발전도 없는 것은 정말 안타까운 노릇이다.

훈련은 계속되지만 강화해야 할 분야는 달라질 수 있다. 다음에는 하나님이 70킬로그램짜리 재정적 시험을 허락하신다. 하지만 하나님의 공급하심을 찾지 않고 “상관없어! 신용카드 한도가 아직 남아있거든!”이라고 말한다면 하나님은 웨이트를 하나 빼내면서 “65킬로그램으로 돌아가라”라고 말씀하신다.

언젠가 85킬로그램의 하나님 나라의 일이나 자리에 당신이 필요해질 날이 올 것이다. 하지만 광야에서의 시험 곧 영적 근력 강화 훈련이 계속해서 실패한다면 결국 하나님은 당신을 그 일이나 자리로 초대하실 수 없다. 당신은 그 일이나 자리에 따르는 역경을 들어올릴 영적 근육이 없기 때문이다. 그러면 하나님은 그 일이나 자리를 감당할 만한 다른 사람을 찾으실 수밖에 없다.

예비된 일을 충분히 감당할 영적 근육

이것이 광야가 그토록 중요한 이유다. 광야는 우리의 힘을 키워 준다. 광야에서 세례 요한은 심령이 강해졌다. 광야에서 예수님은 심령이 강해지셨다.

이런 영적 근육은 편안한 시기가 아닌 믿음의 시험대 위에 놓이는 시련의 시기에 강해진다. 자, 야고보가 전해 주는 좋은 소식을 알린다. 시험의 시기에 하나님의 길로 가면 그분이 예비하신 다음번 일을 감당할 만반의 준비를 할 수 있다.

> 이는 너희 믿음의 시련이 인내를 만들어 내는 줄 너희가 앎이라 인내를 온전히 이루라 이는 너희로 온전하고 구비하여 조금도 부족함이 없게 하려 함이라(약 1:3-4).

야고보는 우리의 능력과 인내를 키우라고 말한다. 또한 그는 우리가 광야를 잘 이겨 내면 무엇을 기대할 수 있는지를 말해 준다.

> 시험을 참는 자는 복이 있나니 이는 시련을 견디어 낸 자가 주께서 자기를 사랑하는 자들에게 약속하신 생명의 면류관을 얻을 것이기 때문이라(약 1:12).

'면류관'은 권위를 의미하고, 권위에는 힘이 따른다. 예수님이 광야에서 마귀에게 시험을 받을 때 순종과 인내로 더 큰 권위와 힘을 얻으셨던 것처럼(눅 4:1, 14) 우리도 더 큰 권위와 힘으로 광야 시기를 마칠 수 있다.

당신은 어떨지 모르지만 나는 하나님이 예비하신 일을 너끈히 감당할 수 있는 영적 근육을 기르고 싶다.

"누가 나와 함께 헬스클럽에 갈 사람 없소?"

Survival TIP

광야에서 살아남기 위한 생존 팁 9

 # 하나님이 약속을 이루실 때까지 인내로 기다리라

광야에서 너무 오랫동안 떠돌이 생활을 하다보면 '뭐라도' 해 보려는 생각이 들기 쉽다. 나는 이것을, 이스마엘을 낳는 것이라고 부른다. 이것은 하나님이 해 주겠다고 약속하신 일을 우리의 힘으로 이루려고 할 때 일어나는 일이다. 이스마엘은 합당한 필요에서 탄생한 경우가 많지만 어디까지나 육신으로 탄생한 것이다.

물론 이 개념은 하나님께 아들을 약속받은 아브라함과 사라의 이야기에서 빌린 것이다. 이 부부는 17년간 기다렸다. 그러다보니 어느 새 아브라함은 86세가 되었고 사라도 아기를 갖기에는 너무 많은 나이가 되었다. 고민 끝에 두 사람은 차선책을 선택했다. 즉 사라는 아브라함에게 여종 하갈을 통해 약속된 아들을 얻자고 제안했다. 이것은 정말 어리석은 생각이었다. 이런 이스마엘 전략은 당장은 아무리 좋아 보여도 모두 지독히 어리석은 아이디어다. 뭐든 육신의 힘으로 낳은 것은 육신의 힘으로 유지해야 한다는 사실을 늘 기억하라.

나도 광야를 지날 때 몇 번 차선책을 시도해 봤다. 하나님은 내가 언젠가 글로벌 설교 사역을 하게 될 것이라고 약속해 주셨다. 하지만 아무리 기다려도 나는 한 교회의 사역에 '발이 묶여' 있었다. 참다 못한 나는 몇 번이나 내 힘으로 광야를 탈출하려고 시도했다. 하지만 매번 아무런 진전도 나타나지 않고 혹독한 대가만 치러야 했다. 내가 철저히 무너진 뒤에야 하나님이 비로소 개입하셔서 모든 것을 회복시키셨다.

이스마엘을 낳으면 반드시 골머리를 썩게 된다. 하나님이 약속하신 것을 알아서 이루어 주실 때까지 믿고 기다리라.

내가 주는 물을 마시는 자는
영원히 목마르지 아니하리니
내가 주는 물은 그 속에서 영생하도록
솟아나는 샘물이 되리라
- 요한복음 4장 13-14절

상황이 힘들 때 하나님을 믿지 않으면
그분을 전혀 믿는 것이 아니다.
- 찰스 스펄전(Charles H. Spurgeon)

Chapter 10

인내하는 연습

물이 솟아날 때까지 기도를 멈추지 말라

광야에서는 비가 내리는 날이 드물다. 그래서 물을 구하기 쉽지 않고, 물이 있다 해도 우물이나 샘에서 길어 올려야 한다. 광야는 메마르고 목마른 땅이다(시 63:1). 그래서 예수님은 다음과 같은 말씀으로 우리를 초대하신다.

> 누구든지 목마르거든 내게로 와서 마시라 나를 믿는 자는 성경에 이름과 같이 그 배에서 생수의 강이 흘러나오리라 하시니 이는 …

성령을 가리켜 말씀하신 것이라(요 7:37-39).

아무리 기도해도 시원한 생수를 얻기 힘들었던 내 삶 속의 메마른 시절들이 생각난다. 한번은 그런 광야에서 하나님을 찾다가 텐트를 메고 주립 공원에 들어가 하룻밤을 보냈다. 그날 밤 기도하고 나서 성경을 읽은 다음 찬송을 부르기 시작했다. 그렇게 3시간을 열심히 했는데 전혀 새롭게 회복되는 느낌이 없었다. 여전히 나는 더없이 메말라 있었다. 크게 낙심한 나는 다 접고 침낭 속으로 들어와 잠을 청했다.

그날 밤새도록 모든 사탄이 축하연이라도 벌인 것처럼 나는 제대로 잠을 이룰 수 없었다. 이리저리 뒤척이며 하나님이 왜 내게 나타나시지 않을까 고민했다. 이튿날 아침, 나는 밖으로 나가 산을 걸으며 기도했지만 여전히 메마른 기분에서 벗어날 수 없었다. 그러기를 한 시간 반쯤 지났을 때, 나는 마침내 하늘을 올려다보며 말했다. “하나님, 아무래도 제가 광야에 있는 것 같습니다.” 그리고 속으로 생각했다. ‘하나님을 찾는 것은 그만두고 그만 집에나 가야겠어. 하나님이 나를 이 마른 장소에 두셨으니 그분이 나를 꺼내 주시기 전까지는 상황이 변할 리가 없어.’

이것은 잘못된 생각이었다. 하나님은 우리를 좌절시키고 포기시킨 뒤에야 우리의 상황을 변화시키기 위해 그런 시간을 허락하시지 않는다. 광야는 실패의 장소가 아닌 승리의 장소로 마련된 것이다. 갑자기 내 안에서 세미한 음성이 들렸다. “싸워라!” 그 작은 음성이 내게 필요한 생명의 불꽃을 일으켰다. 그 즉시 나는 이렇게 외쳤다. “내 안에 있는 하나님의 은사여, 일어나라. 생수의 강이여, 흘러나와라. 내 영 안에서 우물물아 솟아나라!”

> 거기서 브엘에 이르니 브엘은 여호와께서 모세에게 명령하시기를 백성을 모으라 내가 그들에게 물을 주리라 하시던 우물이라 그때에 이스라엘이 노래하여 이르되 우물물아 솟아나라(민 21:16-17).

성경에서 찾은 이런 말을 반복하다보니 기도가 점점 세져서 급기야 산길을 빠르게 오르며 힘찬 목소리로 말씀을 선포하고 기도하기 시작했다. 모든 것이 새로워졌다. 마치 완전히 다른 사람이 된 것 같았다. 하나님의 임재가 더없이 강하게 나를 감쌌다. 불과 몇 분 전만 해도 무겁고 약한 기분이었는데, 이제는 당장 전쟁터에 나가 하나님 말씀으로 어떤 적과도 싸워 이길 수 있을 만큼 사기충천해졌다. 이런 상황이 약 25분간 계속되었는데, 불과 5분도 지나지 않은 것처럼 느껴졌다. 이제 나는 세상을 너끈히 상대할 상태로 완벽히 회복되었다.

사막 한가운데에 ——— 생수의 강이 흘러넘치다

예수님은 그분께 와서 마시는 사람의 마음에 생수의 강 혹은 샘이 흘러나올 것이라고 말씀하셨다. 우리가 광야에서 경험하는 것은 하늘에서 쏟아지는 성령의 단비가 아니다. 이 마른 땅에서는 시원한 물을, 하나님의 샘 혹은 우물인 우리의 마음 깊은 곳에서 길어 올려야 한다. 예수님이 말씀하셨듯이(요 7:39) 생수는 성령이며, 그리스도인의 마음에서 하나의 강이 아닌 여러 강(원문은 복수형)이 흘러나온다.

어떻게 성령이 우리 마음에서 강들처럼 흘러나올 수 있을까? 이사야 선지자는 성령의 역사의 특징을 이렇게 설명한다. "그의 위에 여호와의 영 곧 지혜와 총명의 영이요 모략과 재능의 영이요 지식과 여호와를 경외하는 영이 강림하시리니"(사 11:2).

성령은 지혜의 영, 총명의 영, 모략의 영, 재능의 영, 지식의 영, 여호와를 경외하는 영으로 불린다. 예수님은 성령을 강들로 부르셨으니 이는 지혜의 강, 총명의 강, 모략의 강, 재능의 강, 지식의 강, 여호와를 경외하는 강이 있다는 뜻이다. 내 야영지로 가는 길에서 내 마음에 불이 붙은 것도 무리는 아니다.

이와 관련된 몇 가지 진리를 소개한다.

- 잠언 18장 4절: "명철한 사람의 입의 말은 깊은 물과 같고 지혜의 샘은 솟구쳐 흐르는 내와 같으니라"
- 잠언 16장 22절: "명철한 자에게는 그 명철이 생명의 샘이 되거니와"
- 잠언 20장 5절: "사람의 마음에 있는 모략은 깊은 물 같으니라 그럴지라도 명철한 사람은 그것을 길어 내느니라"

그리스도인의 마음속에는 이런 우물이 있다. 그것은 성령이 우리 마음속에 거하시기 때문이다. 하지만 오직 하나님의 길을 이해하는 사람만이 우물에서 물을 길어 올릴 수 있다. 여기서 키워드는 '길어'(draw)이다. 다시 말하지만, 광야에서의 시원한 물은 성령의 비에서 얻는 것이 아니라 마음속에서 '길어' 올려야 한다.

- 잠언 10장 11절: "의인의 입은 생명의 샘이라도…"
- 잠언 15장 23절: "사람은 그 입의 대답으로 말미암아 기쁨을 얻나니"

내가 "하나님을 찾는 것은 그만두고 집에나 가야겠어. 하나님이 나를 이 마른 장소에 두셨으니 그분이 나를 꺼내 주시기 전까지는 상황이 변할 리가 없어"라고 말하며 집으로 돌아갔다면 마음이 무거운 채로 남았을 것이다. 하지만 하나님이 내 마음속에 주신 것을 입으로 선포했기 때문에 깊은 우물에서 물을 길어 올릴 수 있었다. 나는 구원의 우물에서 생수를 길어 올렸다. 그야말로 사막 한가운데 샘에서 시원한 물을 마시는 기분이었다!

많은 사람이 이런 메마른 시기에 포기를 하지만 하나님은 "계속해서 전진하라. 멈추지 말라"라고 말씀하신다. 하나님의 뜻이 이루어지는 광경을 볼 때까지 멈추지 않는 불굴의 열정이 우리 안에 있어야 한다.

많은 사람이 메마름을 느낄 때 기도를 멈춘다. 그것은 당장 우물에서 물이 나오지 않고, 우물을 더 파기가 너무 힘들어 보이기 때문이다. 그들은 약해져 있다. 그래서 하나님은 그들이 나중에 맞을 싸움을 위해 힘을 키워 주기를 원하신다.

그렇다면 어디서 힘을 길어 올려야 할까? 기쁨에서 길어 올려야 한다! 이사야 12장 3절은 이렇게 말한다. "그러므로 너희가 기쁨으로 구원의 우물들에서 물을 길으리로다." 그것은 "여호와로 인하여 기뻐하는 것이 너희의 힘"이기 때문이다(느 8:10). 기쁨은 우리를 강화시키는 영적 힘이다.

혹시 오해하는 사람이 있을까 봐 말하면, 여호와의 기쁨이 아니라 여호와로 인한 기쁨이다. "여호와로 인하여 기뻐하는 것"은 바로 그분과의 관계를 통해 경험하는 기쁨이다. 하나님은 우리에게 기쁨을 주신다!

기도할 때 하나님의 임재가 느껴지지 않는다고 해서 하나님이 우리를 거부하고 계신 것은 아니다. 따라서 기쁨을 느낌이나 기분에서 찾으려고 해서는 안 된다. 기쁨은 하나님이 어떤 분이신지, 그리고 그런 분이 우리와 관계를 맺어 주셨다는 사실이 얼마나 놀라운지에서 찾아야 한다. 우리가 거부를 당하고 있다는 거짓말을 뿌리치고, 하나님이 우리를 깊은 우물로 이끌고 계신다는 사실을 봐야 한다!

세상 가치로 막힌 우물을 다시 파다

아브라함이 기적적으로 낳은 아들 이삭도 메마른 시기를 지난 적이 있다.

> 아브라함 때에 첫 흉년이 들었더니 그 땅에 또 흉년이 들매 … 여호와께서 이삭에게 나타나 이르시되 애굽으로 내려가지 말고 내가 네게 지시하는 땅에 거주하라 이 땅에 거류하면 내가 너와 함께 있어 네게 복을 주고(창 26:1-3).

하나님은 이삭에게 편안한 애굽으로 돌아가지 말고 하나님이 두신 곳에 머물라고 구체적으로 지시하셨다. 우리는 메마른 곳에 이르면 주로 어떻게든 빨리 그곳에서 빠져나가려는 생각부터 하게 된다. 아침 기도 시간에 하나님의 임재가 느껴지지 않으면 해결책을 고민하느라 정신이 산만해진다. 결국 허둥지둥 기도를 마무리하고서 자신이 생각해낸 해결책을 시도한다. 다니는 교회가 메마르게 느껴지면 하나님께 묻지도 않고 대번에 "영적으로 뜨겁고 설교가 은혜로운 교회로 옮겨야겠어!"라고 말한다. 물질적으로 메마름을 느끼면 경기가 좋은 곳으로 이사할 생각부터 한다. '여기 머물면 계속 메말라져서 내 삶에서 하나님의 계획이 이루어지지 못할 것야.'

현대 사회에는 이런 교인이 너무도 많다. 그들은 메마르지 않은 곳을 이 SNS에서 저 SNS으로, 이 활동에서 저 활동으로, 이 교회에서 저 교회로, 이 도시에서 저 도시로 전전한다. 그들은 하나님이 자신을 통해 현재의 메마른 땅에 시원한 생수를 공급하시도록 우물을 깊이 파지 않고 당장의 안락을 찾아 애굽으로 간다. 그들이 이해하지 못하는 것은 하나님이 이런 메마른 시기에 그들에게 주신 비전을 이루기를 원하신다는 점이다. 물론 항상 그렇지는 않다. 하나님이 새로운 장소를 위해 우리를 준비시키면서 옛 장소는 마르게 그냥 두실 때도 있기 때문이다. 그래서 관건은 하나님의 영을 따르는 것이다. 하나님이 아무런 말씀도 하시지 않는다면 현재의 장소에 머물며 싸우라!

이삭이 하나님께 순종하여 그 기근의 땅에 머물렀을 때 어떤 일이 일어났는지 보라.

> 이삭이 그 땅에서 농사하여 그 해에 백배나 얻었고 여호와께서 복을 주시므로 그 사람이 창대하고 왕성하여 마침내 거부가 되어 양과 소가 떼를 이루고 종이 심히 많으므로 블레셋 사람이 그를 시기하여 그 아버지 아브라함 때에 그 아버지의 종들이 판 모든 우물을 막고 흙으로 메웠더라 … 그 아버지 아브라함 때에 팠던 우물들을 다시 팠으니 이는 아브라함이 죽은 후에 블레셋 사람이 그 우물들을 메웠음이라 이삭이 그 우물들의 이름을 그의 아버지가 부르던 이름으로 불렀더라(창 26:12-15, 18).

이삭은 블레셋 사람들이 막은 아버지의 우물을 다시 파서 농사를 짓기 위한 물을 얻었다. 이삭의 경우처럼 우리의 마음속에서 하나님의 썩지 않는 씨앗을 키우기 위해 꼭 필요한 물은 대개 막힌 우물에서 길어 올려야 한다. 블레셋 사람들은 세상에 속한 자들이었다. 우리도 이 세상과 너무 가까이 지내면 부지불식간에 우리의 우물이 막혀 버린다. 이 우물을 다시 파서 영혼에 필요한 물을 얻는 것이 매우 중요하다.

오늘날 세상의 가치들이 그리스도의 몸에 침투하는 바람에 많은 우물이 막혀 버렸다. 흐르는 물의 근원이 되어야 할 교회가 세상의 유혹에 넘어가 우물이 막힌 메마른 곳으로 전락해 버린 듯하다. 하나님이 시원한 생수로 그분의 교회를 회복시켜 주실 수 있을까? 물론이다! 이사야는 그 회복의 장면을 아름답게 그리고 있다.

> 여호와가 너를 항상 인도하여 메마른 곳에서도 네 영혼을 만족하게 하며 네 뼈를 견고하게 하리니 너는 물 댄 동산 같겠고 물이 끊어지지 아니하는 샘 같을 것이라 네게서 날 자들이 오래 황폐된 곳들을 다시 세울 것이며 너는 역대의 파괴된 기초를 쌓으리니 너를 일컬어 무너진 데를 보수하는 자라 할 것이며 길을 수축하여 거할 곳이 되게 하는 자라 하리라(사 58:11-12).

이삭이 자신의 뜻이나 즐거움을 좇아 안락의 땅으로 가지 않은 것처럼 우리도 우리 뜻이나 즐거움이나 고집을 따르지 않고 하나님께 영광을 돌리면 물 댄 동산이요 물이 끊어지지 않는 생수의 샘처럼 될 것이다. 우리가 하나님 길로 행하면 하나님이 우리를 통해 메마르고 목마른 사람들에게 그분의 생수를 흘려보내 주실 것이다.

하나님은 우리에게 세상이 막아 놓은 모든 우물을 다시 파라고 명령하신다. 다시 말하지만, 그 우물을 다 파려면 인내가 필요하다. 몇 시간이나 며칠이 아닌 몇 주나 몇 달, 심지어 몇 년이 걸릴 수도 있다.

우물이 솟을 때까지 ——— 멈추지 말고 파라

지금쯤 광야가 매우 다양한 상황에 대한 비유라는 점을 알았으리라 믿는다. 이 모든 상황의 공통분모는 박탈이나 메마름이다. 광야의 신호 중 하나는 소명, 심지어 하나님과의 관계를 향한 열정이 줄어들거나 완전히 사라지는 것이다.

내가 중고등부 전도사로 섬길 때 겪었던 두 번째 큰 광야 경험을 간단히 다시 살펴보자. 플로리다의 교회에서 처음 아홉 달은 환상적이었다. 내가 맡은 중고등부는 나날이 폭발적인 부흥을 거듭하고 있었다. 기쁨과 열정이 가득한 시절이었다. 그런데 느닷없이 터진 풍선에서 바람이 빠져나가듯 내 모든 열정과 열심이 순식간에 증발해 버렸다.

전에 없이 열심히 기도했는데도 아무런 답이 보이질 않았다. 뿐만 아니라 우리 중고등부를 향해 품었던 비전마저 희미해져만 갔다(낡은 포도주가 쏟아지고 있었다). 기도할수록 그 비전은 흐릿해져만 갔다.

외적으로는 별다른 변화가 없었지만 내적으로는 변화의 소용돌이가 치고 있었다.

설상가상으로, 그 변화의 한복판에서 한 번도 경험해 보지 못한 외적 시련들이 꼬리를 물기 시작했다. 가장 큰 시련은 내 직속 상관이 나를 해고시키려고 모함을 하기 시작한 것이었다. 그의 아들이 내가 사역하는 중고등부에 다니고 있었는데, 어느 날 저녁 그 아이가 중고등부 예배 후에 내 아내를 찾아와 이렇게 말했다. "사모님, 저는 비비어 전도사님이 설교하신 대로 살고 싶은데 저희 부모님은 집에서…"(그들 부부의 행동을 구체적으로 언급할 필요성은 없을 것 같고, 그냥 아주 좋지 않은 행동이라고만 해 두자).

아내는 충격을 받았지만 그 아이를 지혜롭게 타일렀다. "너는 하나님의 말씀에 순종하고 너희 부모님의 문제는 하나님께 맡기렴." 그날부터 내 상관은 나를 모함해서 쫓아내기 위해 온갖 궤계를 쓰기 시작했다. 가랑비에 옷이 젖는다고 했던가. 그의 계속된 이간질에 결국 담임목사와 나의 사이는 멀어지고 말았다. 나는 16주간 담임목사를 일대일로 만날 수 없었다.

내 상관의 모함이 시작된 지 몇 달 만에 담임목사는 나를 해고하기로 결정했다. 담임목사는 어느 주일 아침 예배 시간 중 성도들에게 중고등부에 큰 변화가 있을 것이라고 발표했다. 그 후 담임목사의 두 형제는 내게 월요일에 해고될 것이라는 사실을 알렸다.

하지만 하나님의 기적적인 역사로 담임목사는 마음을 바꾸었다. 하나님은 주일 아침 예배와 월요일 면담 시간 사이에 담임목사에게 음성을 주셨다. 그래서 담임목사는 면담 자리에서 내게 이렇게 말했다. "하나님이 전도사님을 우리에게 보내셨으니 하나님이 전도사님을 보낼 때가 되었다고 말씀하시기 전까지는 이곳에 있어 주십시오."

그 일이 있은 지 여섯 달 뒤, 내 상관은 그간의 행동이 드러나 곧 해임되었다. 알고 보니 그가 저지른 짓은 우리 모두가 상상한 것보다도 훨씬 더 심각했다.

이 기간에 나는 이런저런 외적 전투를 치렀을 뿐 아니라 전에 없는 내적 전투들을 연이어 만났다. 이번에도 내가 무슨 잘못을 저질렀나 싶어 생각나는 모든 죄를 고백하기 시작했지만 내 안팎의 공격은 그치지 않고 메마른 계절은 계속되었다.

하루는 내가 정확히 무슨 죄를 저질렀는지 한참 고민하고 있는데 하나님의 음성이 들려왔다. "너는 죄를 지었기 때문에 이 광야에 있는 것이 아니다. 내가 다가올 변화를 위해 너를 준비시키고 있는 것이다." 이것이 내가 5장에서 설명한 '새 포도주'였다.

이 광야에서 거의 1년을 허덕인 뒤에 하나님은 내게 금식을 명하셨다. 그리하여 며칠간 금식을 했을 때 내 입에서 생각지도 못했던 말이 저절로 나왔다. 마음속의 외침이 내 머리를 그냥 지나쳐서 입으로 나온 것이다. 나는 열정적으로 부르짖었다. "하나님, 제가 아무도 없는 광야의 한복판에 있든 수만 명 앞에서 설교를 하든 상관없습니다. 어느 곳에서든 똑같이 당신의 마음을 추구하겠습니다!"

그 순간, 내 마음이 차분하게 가라앉으며 하나님이 무엇을 하고 계신지가 분명히 보였다. “아, 하나님, 내내 이 역사를 행하고 계셨군요. 제가 제 사역이 아닌 당신을 저의 기업이요 첫 사랑으로 보게 만들려고 저를 이곳으로 이끄셨군요. 이제 상황이 바뀌더라도 사역을 우상으로 삼지 않겠습니다. 당신을 향한 첫사랑을 잃어버리고 당신 대신 사역을 사랑하는 실수를 저지르지 않겠습니다. 제 마음을 올바르게 하겠습니다.”

그때 하나님이 다윗에 관해 하신 말씀이 기억났다.

> 하나님이 … 사울을 … 폐하시고 다윗을 왕으로 세우시고 증언하여 이르시되 내가 이새의 아들 다윗을 만나니 내 마음에 맞는 사람이라 내 뜻을 다 이루리라 하시더니(행 13:21-22).

이 중요한 사실을 달리 표현하면, 사울 왕은 광야를 경험해 본 적이 없었다. 선지자가 자신을 왕으로 지목하자 짐보따리들 사이에 숨은 것으로 보아, 사울은 처음에는 겸손했던 것으로 보인다. 하지만 여러 번의 성공을 경험하고 나자 그의 불순물이 표면 위로 떠올랐다. 한번은 그가 대규모 전투에서 승리를 거두었지만 그것은 하나님의 명령에 불순종하고 자신의 고집대로 밀어붙인 빛바랜 승리였다. 그것도 모자랐던지 그는 자신의 기념비까지 세웠다. 이것은 속속 표면 위로 떠오를 수많은 불경건한 행동의 시작일 뿐이었다. 결국 그는 방치된 불순물에 의해 파멸했다.

우리 안에 있는 것을 드러내는 두 가지 요인이 있다. 앞서 말했던 연단의 불이 그중 하나다. 다른 하나는 성공이다. 단, 성공은 우리의 불순물을 주변 모든 사람에게 훤히 드러내지만 정작 우리 자신은 그 불순물을 보지 못하게 한다. 목회 초기에 연단의 불로 정화되지 못한 목사들이 많다. 그런데도 그들은 사울처럼 부름을 받고 결국 목회에 뛰어든다. 하지만 안타깝게도 그들은 마땅한 준비를 하지 못한 상태다. 그래서 성공이 그들의 불순물을 드러내면 결국 자신의 소명을 잃어버리고 만다.

사울은 자신의 '사역'을 지키기 위해 사람을 죽일 정도로 그 사역을 사랑했다. 반면, 다윗은 왕좌를 좇는 사람이 아니었다. 그는 하나님의 마음을 좇는 사람이었다. 광야에 있을 때 다윗은 진정한 기쁨의 근원을 발견했다. 그것은 바로 하나님 자신이었다. 다윗은 두 번이나 사울을 죽이고 왕좌를 차지할 기회가 있었고, 부하들도 그렇게 하라고 부추겼다. 만약 다윗의 동기가 사울과 같았다면 사무엘 선지자를 통해 하나님이 약속해 주신 것을 얻기 위해 살인도 불사했을 것이다.

오늘날에도 하나님이 약속해 주신 것을 얻기 위해 비방이나 험담, 거짓말도 서슴지 않는 사람들이 있다. 이 얼마나 아이러니한 모습인가! 그들은 사울처럼 자신의 기업을 얻거나 지키기 위해 못할 것이 없는 자들이다. 하지만 하나님은 지위나 영향력, 돈, 명예가 아닌 그분의 마음을 추구하는 '다윗들'을 찾고 계신다. 낡은 가죽 부대를 재생하는 것은 곧 당신과 내 안에 있는 하나님의 성품을 더 숙성시키는 것이다. 하나님의 성품만이 성령(하나님의 기름부음과 임재)의 새 포도주의 압박을 견딜 수 있다. 물론, 하나님의 성품은 그분을 찾을 때 길러진다. 그렇다면 그 성품이 길러지기까지 얼마나 많은 시간이 걸릴지 궁금한가?

자, 내 대답은 이렇다. 얼마나 많은 시간이 걸릴지는 우리가 신경 쓸 필요가 없다. 우리는 그저 물이 솟아날 때까지 계속해서 파기만 하면 된다. 한 번의 기도로 응답되지 않을 때가 많다. 다음번에도 똑같은 기도를 드려야 할 수 있다. 아니, 몇 번이고 계속 기도해야 할 수도 있다.

댈러스에 살며 담임목사 내외의 비서 역할을 할 때 그곳에서 나와 아주 친했던 부목사와 나는 거의 매일 아침 함께 기도를 드렸다. 우리는 아침 7시에 기도실에 들어와 기도했다. 그러면 하나님의 임재와 우리를 위한 그분의 역사를 느끼는 경우가 많았다. 하지만 일을 시작해야 하는 8시 30분이 되도록 아무런 응답이 느껴지지 않아 답답했던 적도 많았다. 우물이 아직 열리지 않아 시원한 생수를 마실 수 없을 때면 우리는 풀이 죽은 채로 각자의 사무실로 향했다.

이튿날 아침, 우리는 어제 응답받지 못했던 기도를 다시 시작했다. 때로는 그런 상황이 이틀, 어떤 때는 사흘까지 가기도 했다. 한번은 일주일 내내 한 모금의 생수도 맛보지 못했던 기억이 난다. 하지만 결국 우물이 뚫리면 우리 안에 다시 새 힘이 가득해졌다.

미국 전역의 교회들을 보면 우물이 막힌 채로 안주해 버린 교인들을 많이 만난다. 더 걱정스러운 사실은, 내가 볼 때 그런 교인이 소수가 아니라 다수라는 것이다. 그들 속에서 잠자고 있는 하늘 은사가 폭발해서 풀려나면 어떤 일이 벌어질까? 수많은 인생이 변하고 수많은 가정이 변하며 수많은 교회가 변할 것이다. 결국 온 세계가 변할 것이다!

너무도 많은 이들 속에 하나님의 은사가 개발되지 않은 채로 잠자고 있다. 하지만 우물이 막혀 보여도 성령이 기다리고 계신다. 계속해서 파라! 그러면 결국 광야에서 시원한 생수를 맛보게 되리라!

Survival TIP

광야에서 살아남기 위한 생존 팁 10

십자가에 시선을 고정하고 감사하라

광야에 있을 때는 눈앞의 상황만을 바라보기가 너무도 쉽다. 그래서 당신에게 작은 비밀 하나를 알려 주고 싶다. 정말이지 내가 광야에서 살아남고 번영하는 데 큰 도움이 된 비밀이다. 나는 이것을 '비밀의 기쁨 약'이라고 부른다.

외적으로는 즐거운 일이 없을 때, 아무런 변화가 나타나지 않을 때, 기도하고 또 기도해도 응답이 없을 때, 그럴 때마다 나는 예수님이 해 주신 일을 다시 떠올린다. 예수님이 불이 꺼지지 않고 유황 냄새가 그치지 않는 지옥에서 나를 구해 주셨다는 사실을 기억한다. 영원히 계속되는 고문, 그 지옥은 내가 아닌 마귀를 위해 마련된 것이다. 하지만 마귀는 인류를 속여 수많은 사람을 그곳으로 함께 데려간다. 하지만 창조주 예수님이 '나'를 그곳에서 구하기 위해 '자신의' 생명을 내어 주셨다.

이 사실을 기억하고, 그리스도께 시선을 고정하며 감사의 태도로 돌아서서 영원한 시각으로 삶을 바라볼 때, 갑자기 눈앞의 상황이 그리 중요하게 보이지 않는다. 감사해야 할 모든 것을 돌아보며 예수님께 시선을 고정하는 것, 이것이 내 비밀의 기쁨 약이다.

GOD, Where are you?!

Part 5

광야 너머의 '약속의 땅'을 바라라

내가 진실로 진실로 너희에게 이르노니
아들이 아버지께서 하시는 일을 보지 않고는
- 요한복음 5장 19절

역경은 언제나 뜻밖이고 반갑지 않다.
역경은 침입자요 도둑이다.
하지만 하나님의 손에 놓이면 역경은
그분의 초자연적인 능력이 나타나는 통로가 된다.
- 찰스 스탠리(Charles Stanley)

Chapter 11

하나님의 길을 준비하라

하나님은 시간낭비를 하지 않으신다

사막 혹은 광야는 하나님의 길이 준비되는 곳이다. 광야는 모든 산이 낮아지고 모든 골짜기가 높아지는 곳이다. 이사야는 유명한 다음 구절에서 이 상황을 더없이 역동적으로 묘사했다.

> 외치는 자의 소리여 이르되 너희는 광야에서 여호와의 길을 예비하라 사막에서 우리 하나님의 대로를 평탄하게 하라 골짜기마다 돋우어지며 산마다 언덕마다 낮아지며 고르지 아니한 곳이 평

탄하게 되며 험한 곳이 평지가 될 것이요 여호와의 영광이 나타나고 모든 육체가 그것을 함께 보리라 이는 여호와의 입이 말씀하셨느니라 말하는 자의 소리여 이르되 외치라 대답하되 내가 무엇이라 외치리이까 하니 이르되 모든 육체는 풀이요 그의 모든 아름다움은 들의 꽃과 같으니 풀은 마르고 꽃이 시듦은 여호와의 기운이 그 위에 붊이라 이 백성은 실로 풀이로다 풀은 마르고 꽃은 시드나 우리 하나님의 말씀은 영원히 서리라 하라(사 40:3-8).

지금 광야에 있는 우리에게 이것은 정확히 무엇을 의미할까?

그리스도의 몸 안에서 우리는 각자 주님이 맡기신 책임을 감당한다. 하지만 하나님이 우리를 이 일에 배치하시기 전에 우리는 광야에서 훈련과 시험을 받으며 육신을 십자가에 못 박아야 한다.

또한 거기서 우리는 하나님의 음성을 듣고 그분의 뜻을 이해하기 전까지 기다리는 법을 배운다. 먼저 그분의 뜻이 무엇인지 알아야 그 뜻을 온전히 이루어갈 수 있기 때문이다.

광야를 통과하는 길은 입구에서 출구로 곧장 이어지는 길이 아니라 헷갈리는 우회로와 계획에 없던 정지 신호가 가득한 길이다.

내 계획에서
——— 하나님 계획으로

1979년 퍼듀(Purdue) 대학생 시절 나는 동아리에서 예수님을 영접했다. 4개월 뒤 성령으로 충만해졌고, 하나님은 내게 목회의 꿈을 주셨다. 정말이지 나 스스로는 한 번도 목회를 생각해 본 적이 없었다. 목회 근처에도 가고 싶은 마음이 없었다.

어릴 적에 내가 만난 목회자들은 하나같이 닮고 싶지 않은 사람들이었다. 지금은 그것이 정죄 의식이었다는 것을 알지만 어쨌든 당시 내 눈에 비친 그들은 쓰러져 가는 집에 사는 정신 없는 사람들이었다. 목회자 집안의 자녀도 하나같이 이상해 보였다.

물론 나중에는 나의 시각이 왜곡되어 있었다는 것을 깨달았다. 훌륭한 자녀를 두고 번듯한 집에서 살며 날카로운 지성을 지닌 목회자들도 많았다. 하지만 청년 시절 나는 목회자가 된다는 것이 이상한 삶을 살거나 아프리카에서 맨발로 뛰어다니며 풀로 만든 집에서 사는 것이라고 생각했다.

내가 자란 고향은 인구 3천 명의 작은 마을이었다. 그곳에서 내가 아는 유일한 목회자들은 가톨릭 신부들(신부는 결혼할 수 없기 때문에 더더욱 내 심중에 없었다)과 한 작은 교회의 목사였다. 그 목사의 집에는 두 아이가 있는데, 둘 다 이상했다. 그리고 그 집에 놀러갈 때마다 지독한 냄새가 났다. 한번은 그 집에서 정말 참기 힘든 악취가 풍겼다. 최대한 숨을 참고 있다가 서둘러 핑계를 대고 도망쳐 나왔던 기억이 난다. 그러니 내가 목회에 관심을 가질 수가 있겠는가. 냄새 나는 집에서 이상한 아이들을 키우고 싶지 않았다. 물론 아프리카에 선교사로 가서 쓰러지기 직전의 풀로 만든 집에서 살고 싶지도 않았다.

당시 내 계획은 퍼듀대학에서 기계공학 학위를 마친 뒤 하버드(Harvard) 대학에서 MBA를 취득하는 것이었다. 그 뒤에는 대기업에 들어가 임원 자리까지 올라 큰돈을 벌고 하나님의 일을 위해 헌금을 많이 할 생각이었다. 이것이 내 계획이었다. 그래서 목회로 부르시는 하나님의 속삭임을 일부러 외면했다(이 계획 자체는 아무런 문제가 없다. 단지 그것이 내 삶을 위한 '하나님'의 계획이 아니었을 뿐이다).

4개월 뒤의 어느 주일 아침, 교회에서 설교를 듣고 있는데 성령이 평소보다 더 엄하게 말씀하셨다. "나는 너를 설교자로 불렀다! 그런데 여태 뭘 하고 있느냐?"

이번에는 나는 분명히 듣고 분명히 대답했다. "하나님, 아프리카에서 풀로 만든 집에서 맨발로 살아도 설교를 하겠습니다! 당신의 말씀에 순종하겠습니다"(하나님은 어떻게든 우리를 정신 차리게 만드신다. 당시 나는 몇 달간 그분의 작은 속삭임들을 계속해서 무시한 대가를 톡톡히 치른 상태였다). 이제 나는 무조건 하나님을 기쁘시게 할 준비가 되어 있었다.

하나님은 나를 준비시키기 시작하셨다. 내 안에서 열정의 불이 타오르기 시작했다. 나는 동아리의 친구들에게 예수님을 전하기 시작했고, 그중 적지 않은 친구들이 구원을 받았다. 1년 반쯤 지났을 때 나는 동아리 안에서 성경 공부 모임을 시작했는데 여러 학과에서 학생들이 찾아왔다. 매주 새로운 학생들이 그리스도를 영접함으로 치유를 받고 자유를 찾았다.

내 우선순위는 완전히 뒤집혀 버렸다. 설교를 향한 열정이 너무 강한 나머지, 기계공학 공부를 그만두고 신학교에 가고 싶은 마음이 간절했다. 생각해 보라. 나는 설교자로 부름을 받았고 수많은 사람이 지옥을 향해 가고 있는데 한가로이 계산법과 물리학이나 공부할 시간이 어디 있는가. 예수님이 당장이라도 오실 수 있기 때문에 하루라도 빨리 추수 현장으로 나가야 한다고 생각했다.

어느 날 밤, 이제 하기 싫어진 공부를 하다가 눈앞에 있는 공학 서적에서 눈을 떼어 책꽂이에 꽂힌 성경책을 보았다. 순간, 나도 모르게 열역학 교과서를 벽에 던지고 말았다. 그리고 더 이상 미루지 않기로 마음을 먹었다. 당장 학교를 그만두고 신학교에 가기로 했다.

나는 당장 전화기를 들어, 내게 제자 훈련을 해 주던 교수님에게 전화를 걸었다. 그는 나와 아주 친한 퍼듀대학 연구원이었다. 그가 전화를 받자마자 나는 결연한 목소리로 선언했다. “교수님, 학교를 그만두고 신학교에 가겠습니다!”

하지만 그는 차분한 음성으로 지혜로운 조언을 해 주었다. “나와 함께 잠깐 산책을 하며 기도해 보고 결정하는 게 어떻겠는가?” 그렇게 할 때 하나님은 내게 이렇게 말씀하셨다. “내가 정한 시간이 오면 목회를 하게 될 것이다 … 그 전까지는 일단 공학 공부를 마쳐라.”

나중에, 하나님이 나 같은 시골 촌놈을 어떻게 열방으로 보내실 수 있을까 하는 생각을 하며 낙심해 있을 때 그분의 음성이 들려왔다. “네가 부름을 받은 그 사역을 누가 계획하고 정했느냐?”

"당신이십니다."

"이 사역을 시작하는 것을 내가 너보다 더 원한다고 생각하지 않느냐?" 그 말씀에 정신이 번쩍 들었다.

그래서 나는 흥분을 가라앉히고 공학 학위를 무사히 마쳤다. 졸업한 뒤에는 미 해군 프로젝트에 참여할 기계 공학자로 록웰 인터내셔널(Rockwell International)에 입사했다. 그곳에 자리를 잡고 나서 좋은 교회를 찾았고, 1년 뒤에 아내와 결혼을 했다.

나는 결혼 전에 그 교회에 등록한 뒤에 분야를 가리지 않고 열심히 봉사했다. 결혼 뒤에도 안내 위원과 교도소 사역을 비롯한 여러 분야에서 봉사하고 심지어 담임목사의 자녀들에게 테니스도 가르쳤다. 그 교회에서 진행하는 성경 학교에도 저녁 타임으로 등록했다.

2년 뒤 그 교회는 담임목사와 그 가족을 돕는 사람으로 나를 고용했다. 나는 설교자로 부름을 받았기 때문에 딱 1년간만 일하겠다고 말하고서 그 일을 시작했다.

내 일은 담임목사와 그 가족의 차를 세차하고, 기름을 채워 넣고, 담임목사의 구두를 닦고, 각종 심부름을 하고, 그 자녀들을 통학시키고, 그중 아직 미취학 아동인 자녀들에게 수영을 가르치고, 방문하는 사역자들을 지원하는 것을 비롯해서 매우 잡다했다. 그런데 어쩌다보니 그 일을 1년이 아닌 4년 반 동안이나 하게 되었다.

결국 하나님의 부르심을 "예"로 받아들인 지 7년이나 지났다. 대학에서 많은 학생들이 구원과 치유를 받는 모습을 볼 때만 해도 내가 전임 사역자로 일할 날이 불과 며칠밖에 남지 않았다고 생각했다. 하나님이 나를 위해 어떤 과정을 준비하셨는지 전혀 모르고 있었다.

그 교회에서 일할 당시 나는 전임 설교자로 뛰어들기 위해 세 번이나 시도했지만 번번이 실패했다. (그곳이 하나님이 나를 위해 예비하신 곳인지 확인하기 위한 세 번째 시도한 후에) 아시아에서 댈러스로 돌아오는 비행기 안에서 요한복음을 읽다가 한 구절이 갑자기 눈에 확 들어왔다. "하나님께로부터 보내심을 받은 사람이 있으니 그의 이름은 요한이라"(요 1:6). 순간, 하나님의 음성이 느껴졌다. "너 자신에게 '보냄'을 받고 싶으냐? 아니면 내게 '보냄'을 받고 싶으냐?"

"당신께 '보냄'을 받고 싶습니다."

"좋다. 너 자신에게 보냄을 받으면 네 권위로 사역하겠지만 내게 보냄을 받으면 내 권위로 사역하게 될 것이다!"

그때부터 조급한 마음을 버리고 하나님이 현재 나를 두신 곳에 집중했다. 하지만 얼마 뒤 불안감이 다시 도졌다. 그 광야 훈련은 아직 끝나지 않은 상태였다. 여전히 현재 진행형이었다.

그런데 마땅한 자리가 생길 때까지 하나님이 7년간 나를 창고에 두신 것일까? 아니다! 절대 아니다! 나의 거룩한 인격을 기르기 위해 … '그분의 길'이 '준비'되기 위해 그 광야로 인도하신 것이었다. 내가 부름 받은 사역을 잘 감당하기 위해서는 인격의 성숙이 반드시 필요했다. 나중에 나는 모든 영적 상승에는 그 수준에 맞는 준비가 선행된다는 사실을 깨달았다.

스스로 보냄을 받을 것인가 보내심을 받을 것인가

아무리 좋은 의도로 하더라도 하나님의 도우심 없이 하는 일에는 아무런 영원한 가치가 없다. 심지어 예수님의 이름으로 해도 소용이 없다! 심지어 예수님도 이렇게 말씀하셨다.

> 내가 진실로 진실로 너희에게 이르노니 아들이 아버지께서 하시는 일을 보지 않고는 아무것도 스스로 할 수 없나니 아버지께서 행하시는 그것을 아들도 그와 같이 행하느니라(요 5:19).

놀랍지 않은가! 인간의 몸을 입었을 뿐 엄연히 하나님의 아들이신 예수님이 스스로는 궁극적인 가치가 있는 그 어떤 일도 하실 수 없다고 말씀하셨다. 이것이 구체적으로 무슨 의미인지, 몇 가지 사례를 들어보겠다.

예수님은 베다니 마을에 사는 나사로와 그의 두 여동생인 마르다와 마리아를 무척 아끼셨다. 그런데 어느 날 나사로가 중병에 걸렸다. 그 다음에 벌어진 일은 성경을 보자.

> 이에 그 누이들이 예수께 사람을 보내어 이르되 주여 보시옵소서 사랑하시는 자가 병들었나이다 하니 예수께서 들으시고 이르시되 이 병은 죽을병이 아니라 하나님의 영광을 위함이요 하나님의 아들이 이로 말미암아 영광을 받게 하려 함이라 하시더라

> 예수께서 본래 마르다와 그 동생과 나사로를 사랑하시더니 나사로가 병들었다 함을 들으시고 그 계시던 곳에 이틀을 더 유하시고(요 11:3-6).

메시아이신 예수님께도 절친한 친구들이 있었다. 예수님은 특히 나사로를 사랑해서 그의 가족과 자주 어울리셨다. 그런데 이상하게도 예수님은 그렇게 아끼는 친구가 심한 병에 걸렸다는 소식을 듣고도 이틀 동안 아무런 조치를 취하지 않으셨다. 왜 예수님은 즉시 베다니로 달려가시지 않았을까?

그것은 아직 하나님께 명령을 받지 못하셨기 때문이다. 예수님은 하나님의 영이 가라고 명령하실 때까지 순종하며 기다리셨다. 명령을 받은 후에야 예수님은 비로소 움직이셨다.

만약 나사로가 나의 절친한 친구였다면 나는 성령에게 물을 생각도 하지 않고 즉시 그의 집으로 차를 몰고 가 그의 머리에 손을 얹었을 것이다. 안타깝게도 이런 태도를 지닌 교인이 너무도 많다. 우리는 하나님이 늘 우리와 함께하시기 때문에 이런 상황에서는 그분께 특별히 방향을 묻지 않아도 된다고 마음대로 생각하곤 한다. 그렇지 않다. 우리는 언제나 멈추어서 하나님의 음성에 귀를 기울여야 한다. 하나님의 뜻은 그분 자신만이 아시며, 우리가 그 뜻을 구하고 나서 참을성 있게 기다리면 그분의 때에 무엇을 해야 할지 알려 주실 것이다.

우리는 성령의 인도하심 없이도 우리가 병자에게 손을 얹고 하나님이 당장 그를 치유하실 '의무'가 있는 것처럼 생각하곤 한다. 만약 그렇다면 이 세상에서 진작 모든 병원이 없어졌을 것이다.

성경을 보면 예수님이 "그들 모두를 치유하셨다"라는 구절들도 있지만 항상 그랬던 것은 아니다. 예를 들어, 예수님은 맹인과 절름발이, 중풍병자를 비롯한 온갖 병자가 우글거리던 베데스다 연못가에서 왜 38년 된 병자 한 명만 치유해 주셨을까?(요 5장) 하나님의 영이 다른 병자들도 다 치유하라고 하시지 않았던 것은 아닐까?

또 다른 경우를 보면, 어머니의 배 속에서부터 앉은뱅이가 되어 매일 성전 문 앞에서 구걸을 하던 사람이 있었다. 필시 예수님은 성전에 가실 때마다 그를 지나치셨을 것이다. 그런데 왜 예수님은 그를 고쳐 주시지 않았을까? 그것은 아버지께서 그렇게 하라고 지시하시지 않았기 때문이다.

나중에 예수님이 하늘로 오르신 뒤에 베드로와 요한은 성전에 들어가던 길에 '성령의 인도하심을 따라' 그 앉은뱅이를 치료했고, 그 일은 부흥을 촉발하는 계기가 되었다(행 3장).

예수님 사역에 정해진 공식은 없었다. 어떤 경우는 침을 뱉으셨고, 어떤 경우는 손을 얹으셨으며, 어떤 경우는 단순히 말씀으로 역사하셨다. 그런가 하면 진흙을 뭉쳐 병자의 눈에 바른 적도 있고, 병자를 제사장에게 보내신 적도 있다. 그야말로 수만 가지 방법이 사용되었다. 그것은 예수님이 언제나 아버지께서 하신 것을 보고 그대로 행하셨기 때문이다. 하나님은 치유가 필요한 각 상황에서 완벽한 타이밍과 방법을 아셨다.

하나님은 그분의 모든 종이 이렇게 하기를 원하신다. 즉 하나님은 우리가 자신의 생각이나 취향대로가 아니라 언제나 예수님이 행하시는 모습을 보고 그분의 인도하심을 따라 그대로 행하기를 바라신다. 요한복음 20장 21절에서 예수님은 이렇게 말씀하셨다. "아버지께서 나를 보내신 것 같이 나도 너희를 보내노라."

예수님은 아버지의 인도하심 없이는 아무것도 행하시지 않았다. 마찬가지로 우리도 언제나 예수님의 본보기를 따라야 한다. 예수님처럼 성령의 인도하심을 따라 살아야 한다. 오직 성령만이 우리를 올바로 인도해 주실 수 있기 때문이다. 그러려면 우리의 육신을 하나님의 영, 그리스도의 영에 복종시켜야 한다. 그리고 물론 이처럼 성령의 인도하심을 받는 삶을 훈련하기에 최적의 장소는 광야다. 혹독한 환경은 하나님의 길이 준비되는 곳이다.

하나님은 40년의 광야 훈련 끝에 모세에게 다음과 같이 말씀하셨다.

> 이제 내가 너를 바로에게 보내어 너에게 내 백성 이스라엘 자손을 애굽에서 인도하여 내게 하리라 모세가 하나님께 아뢰되 내가 누구이기에 바로에게 가며 이스라엘 자손을 애굽에서 인도하여 내리이까 하나님이 이르시되 내가 반드시 너와 함께 있으리라(출 3:10-12).

이것을 하나님이 제멋대로 간 사람들에게 하신 말씀과 비교해 보라.

> 이 선지자들은 내가 보내지 아니하였어도 달음질하며 내가 그들에게 이르지 아니하였어도 예언하였은즉 … 거짓 꿈을 예언하여 이르며 거짓과 헛된 자만으로 내 백성을 미혹하게 하는 자를 내가 치리라 내가 그들을 보내지 아니하였으며 명령하지 아니하였나니 그들은 이 백성에게 아무 유익이 없느니라 여호와의 말씀이니라(렘 23:21, 32).

아, 듣기만해도 끔찍한 소리다. 하나님께 이런 메시지를 듣고 싶은 사람은 세상 어디에도 없을 것이다.

40세 때 모세가 이스라엘 자손들을 구하기 위해 처음으로 한 시도는 그들에게 아무런 '도움'이 되지 않았다. 그것은 하나님이 아직 그를 '보내시지' 않았기 때문이다. 애굽에서 제아무리 대단한 교육과 리더십 기술, 지혜를 얻었다 해도 하나님의 지원과 타이밍을 떠나서는 하나님이 부르신 일을 할 수 없었다. 겨우 애굽의 압제자 한 명을 죽였을 뿐이다. 비록 그 의도는 고귀했지만 자신의 소명을 이루기 위한 첫 시도는 유익보다는 오히려 해를 끼치는 결과를 가져왔다.

하지만 광야 한 구석에서 40년간 훈련을 한 끝에 하나님이 시키시지 않으면 아무것도 하지 않는 새로운 모세가 탄생했다. 이제 하나님이 정하신 때에 모세의 리더십에 따라 한 군대 전체가 홍해에 수장되었다. 군대 전체와 병사 한 명의 차이, 바로 이것이 우리의 힘과 하나님의 힘의 차이다.

세례 요한은 겨우 6개월 동안 사역하기 위해 30년을 훈련했다. 하지만 예수님은 그를 여자에게서 태어난 가장 위대한 선지자로 치켜세우셨다. 바로 그렇다. 자기 힘으로 나선 사람이 60년간 이룬 것보다 하나님께 '보내심'을 받은 사람이 6개월간 이룬 일이 훨씬 더 크다.

이것이 예수님이 이렇게 말씀하신 이유다.

> 내가 진실로 진실로 너희에게 이르노니 아들이 아버지께서 하시는 일을 보지 않고는 아무것도 스스로 할 수 없나니 아버지께서 행하시는 그것을 아들도 그와 같이 행하느니라(요 5:19).

이사야의 말을 다시 보자.

> 외치는 자의 소리여 이르되 너희는 광야에서 여호와의 길을 예비하라 사막에서 우리 하나님의 대로를 평탄하게 하라 골짜기마다 돋우어지며 산마다 언덕마다 낮아지며 고르지 아니한 곳이 평탄하게 되며 험한 곳이 평지가 될 것이요 여호와의 영광이 나타나고 모든 육체가 그것을 함께 보리라 이는 여호와의 입이 말씀하셨느니라 말하는 자의 소리여 이르되 외치라 대답하되 내가 무엇이라 외치리이까 하니 이르되 모든 육체는 풀이요 그의 모든 아름다움은 들의 꽃과 같으니 풀은 마르고 꽃이 시듦은 여호와의 기운이

그 위에 붊이라 이 백성은 실로 풀이로다 풀은 마르고 꽃은 시드나 우리 하나님의 말씀은 영원히 서리라 하라(사 40:3-8).

여기서 하나님은 광야가 그분의 길이 준비되는 곳이라고 말씀하고 계신다. 그분의 길은 인간의 힘이 아니다. 그분은 교만한 자들은 낮아지고 겸손한 자들(그분을 기다리는 자들)은 높아지며, 울퉁불퉁한(기만적이고 잘못되고 부정직한) 곳들은 평탄해지고, 험한(사랑이 없고 무례하고 가혹한) 곳들은 부드러워질 것이라고 말씀하신다.

예수님을 막 영접한 대학생 시절 나는 많은 복을 받았고 남들을 ‘성공적으로’ 목회할 수 있었다. 하지만 내 삶 속에는 낮아져야 할 산들과 평탄해져야 할 곳들이 많았다. 그래서 하나님은 그런 흠들을 깎아내기 위해 나를 광야 훈련에 등록시키셨다.

광야에서는 하나님의 길로 가는 것이 매우 중요하다. 내가 댈러스에서 담임목사를 섬기는 일을 할 때 하루는 하나님으로부터 이런 음성을 들었다. “내일 설교할 생각만 하다가 오늘 내가 네 안에서 하려는 일을 놓치지 마라.” 나는 깜짝 놀랐다. 그때 나는 설교 사역이 너무 하고 싶은 나머지, 내 인생의 그 단계를 시간 낭비로 보고 있었기 때문이다.

당신은 나 같은 실수를 하지 않기를 바란다. 하나님은 절대 ‘시간 낭비’를 하시지 않는다. 하나님은 언제나 시간을 최적으로 사용하시는 분이다.

현재 당신이 있는 곳이 당신의 인생 여정에서 꼭 필요한 기착지라는 사실을 명심하라. 이곳은 당신의 훈련장이다. 이곳은 약속에서 그 완성으로 가는 길에 꼭 거쳐 가야 할 곳이다. 약속이 어떤 식으로 이루어질지에 대한 고민은 하나님께 맡기고 당신은 그저 그분의 흐름에 몸을 맡기라. 그분은 믿음의 주요 온전하게 하시는 이시다. 우리는 그저 그분을 믿고 그분이 '오늘' 보여 주시는 것에 순종하면 된다.

내가 설교 사역을 어떻게 해야 할지 알았다고 생각할 때마다 하나님은 조용히 고개를 가로저으셨다. "또다시 엉뚱한 길을 알아냈구나!" 그렇게 하나님은 전혀 예상치도 못한 방법으로 설교 사역을 내 앞으로 이끌어 주셨다. 하나님은 우리가 현재에 만족함(안주가 아니라)으로 충실하기를 원하신다.

하나님의 방법대로 행하라

하나님께 받은 권위와 능력이 클수록 하나님의 영에게 순종하지 않았을 때 따르는 심판도 크다. 하나님은 모세가 40세 때 자신의 뜻대로 했을 때는 심판하시지 않았다. 그것은 하나님의 권위와 능력이 아직 그에게 임하지 않았기 때문이다.

하지만 나중에는 엄한 심판이 내려졌다. 신 광야에서 지독히 목이 말랐던 이스라엘 백성들은 왜 이런 곳으로 데려왔냐며 모세에게 따져댔다. 그래서 하나님은 모세에게 어떻게 해야 할지를 지시하셨다.

> 여호와께서 모세에게 말씀하여 이르시되 지팡이를 가지고 네 형 아론과 함께 회중을 모으고 그들의 목전에서 너희는 반석에게 명령하여 물을 내라 하라 네가 그 반석이 물을 내게 하여 회중과 그들의 짐승에게 마시게 할지니라(민 20:7-8).

하나님은 모세에게 바위를 향해 말하면 거기서 물이 나올 것이라고 말씀하셨다. 하지만 모세가 어떤 행동을 했는지 보라.

> 모세가 그의 손을 들어 그의 지팡이로 반석을 두 번 치니 물이 많이 솟아나오므로 회중과 그들의 짐승이 마시니라 여호와께서 모세와 아론에게 이르시되 너희가 나를 믿지 아니하고 이스라엘 자손의 목전에서 내 거룩함을 나타내지 아니한 고로 너희는 이 회중을 내가 그들에게 준 땅으로 인도하여 들이지 못하리라 하시니라(민 20:11-12).

하나님은 수백만 명에게 물을 주셨다. 바위에서 물이 나오다니 실로 전무후무한 기적이었다. 그런데 보다시피 모세가 바위에서 물을 내기 위한 하나님의 방법을 따르지 않았는데도 상관없이 기적은 일어났다. 그것은 그 물이 백성들의 갈증을 풀어 주기 위한 것이었기 때문이다.

하나님은 모세 한 사람을 벌하기 위해 백성들에 대한 식수 공급을 보류하시지 않았다. 하지만 대가는 분명했다. 그 일로 인해 모세는 백성들을 이끌고 약속의 땅에 들어가지 못했다.

이 사례에서 보듯이, 하나님의 초자연적인 은사는 그 은사를 받은 사람을 높이기 위한 것이 아니라 어디까지나 사람들의 필요를 채워 주기 위한 것이다. 모세는 사람들에게 짜증이 나고, 그런 골치 아픈 사람들을 이끌게 하신 하나님께도 약간 짜증이 나서 바위를 내리친 것인지도 모른다.

단지, 이전에 신 광야에서 했던 것처럼 바위를 내리친 것일 수도 있다(출 17:1-7). 아니면 자신의 리더십을 과신하게 된 결과일 수도 있다. 혹은 자신의 판단대로 해도 하나님이 존중해 줄 것이라는 교만이 원인이었을지도 모른다.

어쨌든 모세는 또다시 자신의 뜻대로 했고, 이번에는 아주 큰 대가가 따랐다. 그 전까지만 해도 모세는 철저히 하나님의 능력으로 사역했다. 그의 모든 힘은 하나님을 의지하는 데서 나왔다. 그런데 이제 그는 사람들 앞에서 독단적으로 행동했고, 그로 인한 대가를 톡톡히 치러야 했다.

이것이 야고보서 3장 1절이 이렇게 말하는 이유다. "내 형제들아 너희는 선생 된 우리가 더 큰 심판을 받을 줄 알고 선생이 많이 되지 말라." 책임 혹은 영광이 클수록 심판도 크다.

광야는 불순종에 빠져 심판을 받지 않고 철저히 하나님의 능력과 영광으로 행할 수 있도록 우리를 준비시켜 준다. 메마른 광야에서 교만은 낮아지고 겸손은 높아진다. 진정으로 겸손한 사람은 예수님처럼 행하며 이렇게 고백한다. "하나님의 영이 행하시는 것을 보기 전까지는 아무것도 하지 않겠습니다. 제 자신의 힘과 능력으로는 아무것도 할 수 없습니다."

오늘날 하나님이 수많은 교회에 대해 그분의 영광과 능력을 보류하시는 것은 혹시 더 큰 심판을 피하게 하시려는 것이 아닐까? 나는 지금이 광야 시기라고 믿는다. 하나님은 우리가 그분을 향해 부르짖고 그분의 음성을 들을 수 있도록 우리 영에서 육체를 벗겨내고 계신다. 그래야 그분의 영광이 나타날 때 우리가 오직 '그분의 뜻'대로만 행함으로 그분의 이름을 높일 수 있기 때문이다.

성령의 음성에 귀를 기울이라. 그분께 받은 일을 어떤 방식으로 행해야 할지, 그분의 지시에 귀를 기울이라. 그분이 무엇을 행하시는지 보고, 뭐라고 말씀하시는지 들으라.

> 내가 내 파수하는 곳에 서며 성루에 서리라 그가 내게 무엇이라 말씀하실는지 기다리고 바라보며 나의 질문에 대하여 어떻게 대답하실는지 보리라 하였더니 여호와께서 내게 대답하여 이르시되 너는 이 묵시를 기록하여 판에 명백히 새기되 달려가면서도 읽을 수 있게 하라 이 묵시는 정한 때가 있나니 그 종말이 속히 이르겠고 결코 거짓되지 아니하리라 비록 더딜지라도 기다리라 지체되지 않고 반드시 응하리라 보라 그의 마음은 교만하며 그 속에서 정직하지 못하나 의인은 그의 믿음으로 말미암아 살리라(합 2:1-4).

하박국 선지자는 이렇게 말했다. "하나님이 내게 무슨 말씀을 하실지 보리라." 하나님이 말씀하시는 방식 중 하나는 묵시(vision)를 통해서다. 그래서 예수님은 아버지께서 행하시는 것을 '보고' 오직 그것만을 행한다고 말씀하셨다. 하박국은 자신이 본 것을 기록하고, 정해진 때에 자신이 본 것을 갖고 달릴 것이라고 말했다. 계속해서 그는 교만한 영혼(하나님의 말씀을 기다리지 않아서 하나님이 주신 묵시 없이 달리는 사람)은 의롭지 않다고 말했다. 반면, 의인은 다른 사람의 믿음이 아닌 자신의 믿음으로 산다.

믿음은 하나님 말씀을 듣고 그대로 순종할 때 찾아온다. 이것이 하나님이 이스라엘 백성들을 광야로 데려가신 이유다. 즉 하나님은 "사람이 떡으로만 사는 것이 아니요 여호와의 입에서 나오는 모든 말씀으로 사는 줄을 … 알게 하려"고 그들을 광야로 이끄셨다(신 8:3). 여기서 하나님이 과거형인 '나온'이 아니라 현재형인 '나오는'이라고 말씀하셨다는 사실이 중요하다.

성경은 우리에게 이렇게 명령한다. "너희는 삼가 말씀하신(원문은 현재형) 이를 거역하지 말라 땅에서 경고하신 이를 거역한 그들이 피하지 못하였거든 하물며 하늘로부터 경고하신 이를 배반하는 우리일까보냐"(히 12:25). 물론 하나님이 지금 말씀하시는 것은 언제나 성경과 일치한다.

'자신'이 해야 한다고 생각하는 일에 대한 정당성을 찾기 위해 성경을 뒤지는 것은 하나님의 뜻이 아니다. "나는 병자를 치유할 기름부음을 받았다. 따라서 전에 했던 것처럼 즉시 나사로에게 손을 얹을 것이다.” 예수님은 이렇게 말씀하시지 않았다. 대신 예수님은 하나님의 영이 움직이실 때까지 기다렸다가 비로소 움직이셨다.

광야는 하나님이 그분의 인도하심과 능력 없이 그분을 위해 뭔가를 하려는 것이 다 부질없는 것이라는 사실을 가르쳐 주는 곳이다. 육체는 그 어떤 영원한 가치가 있는 것도 할 수 없다는 사실을 분명히 깨달으면, 하나님이 맡겨 주신 꿈과 계획을 실행할 준비가 된 셈이다. 광야의 본질은 준비다. 광야는 약속의 완성으로 가는 과정이다. 예수님처럼 성령에 인도하심을 따라 뭐든 ‘우리’의 뜻이 아닌 ‘하나님’의 뜻대로 하자.

Survival TIP

광야에서 살아남기 위한 생존 팁 11

 # 즉각 순종하기 위해 만반의 준비를 마치라

광야에서 체류 기간이 늘어나 영원처럼 길게 느껴지면 그만 짐을 풀고 정착하게 될 수가 있다. 하지만 정착은 절대 추천하지 않는다. 장담건대, 하나님은 한번 이동하기로 결정하시면 그야말로 전광석화처럼 일을 추진하신다.

요셉을 보라. 남은 평생 지하 감옥에서 썩을 것처럼 보였지만 아무런 사전 신호도 없이 하루 만에 하나님이 주신 꿈을 이루었다. 그렇다. 단 하루 만이다!

내 경험에 의하면 광야는 마치 40년처럼 길게 느껴졌다. 그런데 어느 날 갑자기 하나님은 내가 현재의 자리를 떠나 순회 설교자가 될 것이라고 말씀하셨다. 변화는 당장 나타나지 않았지만 일단 변화의 바람이 불기 시작하자 그 바람은 그야말로 회오리바람이었다. 그리고 나는 내 소명의 새로운 계절로 들어갈 만반의 준비가 되어 있었다. 항상 짐을 싼 채로 대기해 있었기 때문이다.

묵시가 없으면 백성이 방자히 행하거니와
율법을 지키는 자는 복이 있느니라
- 잠언 29장 18절

자신과 마찬가지로 우리의 슬픔도 모두 죽을 수밖에 없다.
우리의 슬픔은 불멸의 영혼을 위한 불멸의 슬픔이 아니다.
살다보면 슬픔이 찾아온다. 하지만 감사하게도 때가 되면
슬픔은 다시 떠나간다. 슬픔은 공중의 새처럼
우리 머리 위를 떠다닌다.
하지만 슬픔은 우리 영혼에 눌러앉을 수 없다.
오늘은 괴롭지만 내일은 기뻐하게 될 것이다.
- 찰스 스펄전(Charles H. Spurgeon)

Chapter 12

광야의 면류관

예수의 형상을 본받게 되다

광야는 우리가 일정 기간 동안 방문하는 곳이지, 최종 목적지는 아니다. 이 광야를 제대로 다룬다면 승리를 거두고 거기서 벗어날 수 있다.

나는 중고등부 전도사 시절, 열정을 고갈시키는 광야에서 끝도 없이 길게 느껴지는 시간을 보냈던 적이 있다. 그 상황이 평생 변하지 않을지도 모른다는 생각이 슬슬 들기 시작했다. 그러던 어느 날, 나를 음해해서 해고시키려는 상사로 인한 고난이 시작되기 직전, 성령은 내게 변화가 오고 있다는 말씀을 주셨다. "동에서 서까지, 캐나다 국경에서 멕시코 국경까지, 알래스카에서 하와이까지 수많은 도시의 수많은 교회와 집회로 너를 보낼 것이다."

하지만 앞서 밝혔듯이 변화는 다음날, 심지어 그 주 안에도 찾아오지 않았다. 사실, 그 이후 하나님에게서 아무런 음성도 듣지 못한 채 여섯 달이 흘러갔다. 그러던 어느 날, 한 모임에서 담임목사가 들어와 목회자들(당시 11명) 중 한 명을 전임 순회 설교자로 파송하라는 주님의 음성을 들었다고 선포했다. "누구를 보낼 것이냐면 … 존 비비어 전도사님, 바로 당신입니다."

하지만 그 뒤에도 더 많은 시간이 흘러갔다(정확히는 6개월이 더 흘렀다). 광야 시기는 계속되었다. 그렇게 기약 없는 시간이 흘러가던 중, 불과 3주 사이에 나를 설교자로 청빙하고 싶다는 연락이 일곱 번이나 왔다. 연락을 해 온 곳들은 캐나다 국경에서 한 시간 떨어진 곳, 플로리다 주 동쪽에 있는 곳, 태평양에서 차로 한 시간 거리에 있는 곳, 멕시코 국경에 있는 곳이었다. 내가 의논을 하러 찾아가자 담임목사는 너털웃음을 터뜨리며 말했다. "전도사님, 하나님이 제게 이걸 보여 주셨다고 했죠? 제가 보기엔 이곳에 머무시는 것이 답인 듯합니다."

그로부터 얼마 있지 않아(1990년 1월) 파송 예배 때 담임목사는 우리 부부에게 안수를 했고, 그때부터 지금까지 우리는 쭉 순회 설교를 해 오고 있다! 내가 내 시간표대로 일을 시작하지 않고 하나님의 타이밍을 기다렸기 때문에 '훨씬 더 많은'(이 부분을 아무리 강조해도 지나치지 않다) 열매를 맺었다고 자신 있게 말할 수 있다.

당신도 나와 같은 열매를 맺기를 간절히 원한다. 이것이 하나님의 백성들을 지독히 사랑하는 50대 말의 내가 당신에게 치부까지 보이며 내 모든 것을 솔직히 공개하는 이유다. 당신이 운명을 이루기를 바란다! 자, 이제 마지막으로 중요한 개념 몇 가지를 살펴보자.

나를 향해 품으신 ——— 목적과 목적지

우리의 초점은 우리의 발목을 잡는 문제들이 아니라 언제나 하나님의 목적이어야 한다. 올바른 목적지에서 경주를 마치려면 올바른 비전을 품어야 한다. 실컷 달렸더니 엉뚱한 결승선이 나타난다면 이 얼마나 큰 비극인가. 엉뚱한 과녁에 총을 겨누고 쏜다면 참사가 벌어진다.

바리새인들은 누구보다도 열심을 내고 부지런을 떨었지만 그들의 목적은 자기위주였다. 그들은 올바른 목적을 품지 않은 탓에 엉뚱한 과녁을 맞히고 말았다.

하나님이 그분의 백성들인 우리를 향해 품으신 목적과 목적지는 무엇일까? 에베소서 1장 11절은 "모든 일을 그의 뜻의 결정대로 일하시는 이의 계획을 따라 우리가 예정을 입어"라고 말한다.

많은 사람이 '예정'(predestination)이란 표현을 잘못 이해하고 있다. 이 개념을 이해하려면 이 단어를 어근과 접두사로 쪼개서 살펴봐야 한다. 접두사 'pre'는 단순히 '이전' 혹은 '시작 전'을 뜻하고, 어근인 'destination'은 '목적지'나 '결승선'을 뜻한다. 이제 둘을 다시 합치면 '출발 전에 결승선을 정하는 것'이란 의미가 된다. 그렇다면 에베소서 1장 11절은 하나님이 인류를 창조하기 전에 인류를 향한 목적 혹은 목적지를 정하셨다는 뜻이다.

로마서 8장은 이렇게 말한다.

> 우리가 알거니와 하나님을 사랑하는 자 곧 그의 뜻대로 부르심을 입은 자들에게는 모든 것이 합력하여 선을 이루느니라 하나님이 미리 아신 자들을 또한 그 아들의 형상을 본받게 하기 위하여 미리 정하셨으니 이는 그로 많은 형제 중에서 맏아들이 되게 하려 하심이니라(롬 8:28-29).

하나님의 시간이 시작되기 전에 계획하신 우리 목적지는 하나님을 사랑하는 자들이 예수 그리스도의 형상을 본받게 되는 것이다. 우리가 삶이나 사역을 통해 하는 모든 일이 이 목표 혹은 목적을 향해야 한다. 하나님이 우리를 창조하신 첫 번째 목적은 단순히 우리가 성공적인 목회 팀에 들어가거나 하나님 나라의 일을 위해 수백만 달러를 헌금하거나 유명한 아티스트가 되거나 여타 직업적인 목표를 달성하는 것이 아니다. 심지어 병자를 치유하거나 인도주의적인 구호 활동을 펼치거나 인신매매 희생자들을 구하거나 사람들을 중독에서 해방시키거나 비그리스도인을 전도하는 것도 아니다. 이 모든 일이 고귀하기는 하지만, 그런 일을 열심히 하고도 결승선을 통과하지 못한 사람이 정말 많다는 사실을 기억해야 한다. 그들이 결승선을 잘 통과하지 못한 이유는 사역 이면의 목표나 마음이 아닌 사역 자체에 초점을 맞추었기 때문이다.

이제 질문에 답해 보자. "우리가 예수 그리스도의 형상을 본받게 예정하신 하나님의 목적은 무엇이었을까?" 답은 간단하다. 그것은 하나님이 우리를 사랑하고 우리와의 교제를 원하셨기 때문이다. 하나님은 우리와 사귀어 "그리스도 예수 안에서 우리에게 자비하심으로써 그 은혜의 지극히 풍성함을 오는 여러 세대에 나타내"길 원하셨다(엡 2:7).

우리 집 개의 이름은 렉시(Lexi)다. 렉시는 유쾌 발랄한 녀석이다. 하지만 녀석과의 커뮤니케이션에는 한계가 있다. 녀석과는 소통이 되지 않아 답답할 때가 많다. 하지만 우리 아이들과의 커뮤니케이션은 전혀 다르다. 아이들이 성숙해 갈수록 점점 더 깊은 상호작용을 할 수 있다. 아이들은 우리 부부의 삶에 정말 많은 것을 더해 주었다. 바로 이것이 하나님이 우리를 창조하신 이유다. 하나님은 나와 렉시 사이와 같은 낮은 수준의 교제를 원하시지 않는다. 하나님은 마음을 터놓을 수 있는 아들과 딸을 원하신다.

이것이 처음부터 하나님이 품으셨던 목적이다. 하나님은 사람을 창조하여 에덴동산에 두신 뒤 그를 사랑하셨기에 그와 동행하며 교제하셨다. 아담의 후손 중 하나님의 목적을 정확히 이해했던 인물이 있다. "에녹이 하나님과 동행하더니 하나님이 그를 데려가시므로 세상에 있지 아니하였더라"(창 5:24). 히브리서 기자는 "(에녹은) 하나님을 기쁘시게 하는 자라 하는 증거를 받았느니라"라고 말한다(히 11:5). 하나님은 왜 에녹을 기뻐하셨을까? 그가 사역을 훌륭히 해냈기 때문이었을까? 아니다. 아마도 그가 하나님과 동행하며 친밀하게 교제했기 때문이다.

바로 이것이 하나님이 과거에 행하셨고 현재 행하고 계시며 미래에 행하실 모든 일의 목적이다. 따라서 광야의 목적도 우리로 하여금 예수 그리스도의 형상을 본받게 만드는 것이다.

우리를 향한 하나님의 목적에서 눈을 떼면 길을 잃고 영적으로 퇴보한다. 하나님의 목적을 잊어버리면 교회는 세상적인 것들을 추구하는 하나의 기관으로 전락한다. 지금 많은 교회가 그리스도의 형상을 닮은 제자를 키우는 일이 아닌 더 많은 숫자나 더 큰 건물 같은 결과에 집착하고 있다(마 28:19).

잠언 29장 18절을 보자. "묵시가 없으면 백성이 방자히 행하거니와." 묵시가 없으면 고삐 풀린 망아지처럼 행동하게 된다. 하나님의 고삐는 우리로 하여금 예수 그리스도의 형상보다 못한 수준의 소명에 안주하지 않게 붙잡아 준다. 이 고삐는 하나님의 형상을 본받아 그분을 대면하고 그분의 영광을 보기 전까지는 멈추지 않게 해 준다. 이 고삐는 하나님의 완벽한 뜻 외에는 그 무엇도 받아들이지 않게 해 준다. 이 고삐는 편안함에 빠져서 세상적인 방법, 육신적인 방법으로 행하지 않게 해 준다.

묵시 곧 비전에 관해서 예수님은 이렇게 말씀하셨다. "눈은 몸의 등불이니 그러므로 네 눈이 성하면 온 몸이 밝을 것이요 눈이 나쁘면 온 몸이 어두울 것이니 그러므로 네게 있는 빛이 어두우면 그 어둠이 얼마나 더하겠느냐"(마 6:22-23). 여기서 예수님은 육체적인 눈이 아니라 마음의 눈, 즉 인생의 상황을 보는 시각을 말씀하신 것이다.

우리의 인격은 마음의 시각을 닮아 변해간다. "그 마음의 생각이 어떠하면 그 위인도 그러한즉"(잠 23:7). 인생의 상황을 보는 시각에 따라 그 상황을 어떻게 통과하는지가 결정된다. 약속의 땅을 정탐하고 온 열두 사람은 모두 똑같은 광경을 보았다. 똑같은 요새들과 똑같은 거인들, 똑같은 군대들이었다. 하지만 그중 여호수아와 갈렙, 이렇게 두 사람은 같은 상황을 나머지 열 사람과 전혀 다른 시각으로 보았다. 두 사람은 눈앞의 상황을 하나님의 시각으로 보았지만 나머지 열 사람은 인간적인 논리 혹은 자기 능력의 렌즈를 통해 상황을 바라보았다. 열 사람의 눈은 나빴기 때문에 그들의 나머지 모든 행동(예수님의 표현을 빌자면 "온 몸")도 나빴다. 그들은 하나님의 뜻에 반하는 말과 행동을 했다. 그래서 하나님은 그들의 보고가 악하다고 말씀하셨다.

> 그들에게 이르기를 여호와의 말씀에 내 삶을 두고 맹세하노라 너희 말이 내 귀에 들린 대로 내가 너희에게 행하리니 너희 시체가 이 광야에 엎드러질 것이라 너희 중에서 이십 세 이상으로서 계수된 자 곧 나를 원망한 자 전부가 여분네의 아들 갈렙과 눈의 아들 여호수아 외에는 내가 맹세하여 너희에게 살게 하리라 한 땅에 결단코 들어가지 못하리라(민 14:28-30).

열 명의 정탐꾼은 왜 하나님이 약속해 주신 땅을 놓칠 만큼 악한 보고를 했을까? 그것은 눈앞의 상황을 보는 시각 탓이었다. 그들의 시각은 선지자적 시각이 아니었다. 그들의 시각은 인간적인 시각이었다. 그리고 그 시각은 그들의 보고에 그대로 반영되었다.

광야를 성공적으로 통과하려면 그것을 하나님의 시각으로 봐야만 한다. 하나님이 약속의 땅에 정탐꾼을 보내기 전에 이미 이스라엘 자손들은 1년 넘게 불평하는 삶을 살아온 상태였다. 그들의 시각은 이미 썩어 있었고, 모든 고삐는 풀려 있었다. 그래서 하나님이 젖과 꿀이 흐르는 땅을 보여 주셨는데도 그들은 눈앞에 펼쳐진 온갖 좋은 것들을 마다했다. 그들은 좋은 것들이 아닌 그 땅의 거인들만을 바라보았다.

광야와 그곳의 어려움들만을 바라보는 사람들은 결국 광야에서 죽고 만다. 반면, 약속을 주신 분과 그분이 주신 비전에 시선을 고정한 사람들은 성화된 전사로서 광야를 통과한다. 그들은 하나님이 앞에 놓으신 약속의 땅을 취해 그분께 영광을 돌릴 준비가 된 채로 광야를 통과한다.

> 그러므로 우리가 낙심하지 아니하노니 … 우리가 잠시 받는 환난의 경한 것이 지극히 크고 영원한 영광의 중한 것을 우리에게 이루게 함이니 우리가 주목하는 것은 보이는 것이 아니요 보이지 않는 것이니 보이는 것은 잠깐이요 보이지 않는 것은 영원함이라(고후 4:16-18).

광야 기간의 길이와 그곳에서의 고난들은 장차 얻을 것에 비하면 일시적이고 가볍다. 물론, 광야 한복판에 있을 때는 고난에 의연하게 대처하기가 힘들다. 그래서 광야를 통과한 뒤에 찾아올 것에 시선을 고정해야만 한다.

나도 메마른 시기의 한복판을 지날 때는 그것이 결코 '순간'처럼 느껴지지 않았다. 때로는 하나님의 약속이 결코 이루어지지 않는가 하는 생각마저 들었다. 그때는 재빨리 그런 생각을 떨쳐내고 하나님 안에서 다시 전진할 용기를 얻어야 했다. 하나님이 나에 관해 주신 이전의 예언들을 기억하며 그 예언들로 선한 싸움을 싸웠다(딤전 1:18을 보라). 그 예언들은 성령이 내 삶에 관해 밝혀 주신 하나님의 비전이었다.

광야는 곧 전쟁터다. 우리 영혼은 지력과 감정, 의지로 이루어져 있다. '의지'는 하나님의 길과 육체의 길 중 무엇을 선택할지 결정하는 부분이다. 하나님의 시각으로 상황을 볼 것인가? 아니면 광야에서의 고난에 시선을 고정할 것인가? 베드로는 이렇게 말했다. "사랑하는 자들아, 거류민과 나그네 같은 너희를 권하노니 영혼을 거슬러 싸우는 육체의 정욕을 제어하라"(벧전 2:11).

가장 중요한 것은 시선이 하나님과 자신 중 누구에게 고정되어 있느냐 하는 것이다. 우리의 지력과 감정 속에서 영혼을 거슬러 싸우는 육체의 정욕은 이기적인 이익에만 눈이 멀어 있다. 이 정욕은 우리로 하여금 경건한 비전에서 멀어지게 만든다. 그럴 수밖에 없는 것이, 하나님의 길은 자아의 길이 아니라 자아를 '부인하는' 길이기 때문이다.

오늘날 많은 사람들이 전하고 받아들이는 복음은 육체적 안락의 복음이다. 주류 기독교에서 흘러나오는 많은 메시지가 육체를 십자가에 못 박으라고 촉구하지 않고, 오히려 예수 그리스도의 형상을 닮아간다는 최종 목표에 반하는 정욕을 부추기고 있다. 우리의 초점은 "하나님이 내게서 무엇을 원하시는가?"가 아니라 "하나님이 내게 무엇을 해 주실 수 있을까?"일 때가 많다. 안락의 복음은 그리스도를 좇으면 고난을 받을 수밖에 없다는 점을 강조하지 않는다. 그로 인해 많은 사람이 편안한 삶에 안주했다. 이런 복음은 신자를 하나님의 병사로 키워내지 못한다.

사도 바울은 제자 디모데에게 보낸 편지에서 이 주제를 다루었다.

> 너는 그리스도 예수의 좋은 병사로 나와 함께 고난을 받으라 병사로 복무하는 자는 자기 생활에 얽매이는 자가 하나도 없나니 이는 병사로 모집한 자를 기쁘게 하려 함이라(딤후 2:3-4).

이 '안락의 복음'으로 인해 우리는 저항이나 고난이 나타나면 뚫고 나갈 생각을 하지 않고 무조건 탈출구부터 찾는다. 안락의 복음을 가르치는 자들로 인해 탄생한 비전은 '하늘의 비전'이 아니라 '이기적인 비전'이다.

바울은 또 이렇게 말했다.

> 아그립바 왕이여 그러므로 하늘에서 보이신 것을 내가 거스르지 아니하고 먼저 다메섹과 예루살렘에 있는 사람과 유대 온 땅과 이방인에게까지 회개하고 하나님께로 돌아와서 회개에 합당한 일을 하라 전하므로 유대인들이 성전에서 나를 잡아 죽이고자 하였으나(행 26:19-21).

세상에는 비전이 많지만 "하늘에서 보이신 것"은 딱 하나밖에 없다. 그것은 바로 하늘 아버지의 뜻이다. 여기서 바울은 "유대인들이 성전에서 나를 잡아 죽이고자 하였으나"라고 말한다. 바울은 하늘의 비전을 좇다가 극심한 저항을 만났다. 만약 그가 오늘날의 많은 설교자들처럼 안락의 복음을 믿었다면 비전의 완성을 보지 못했을 것이다. 그는 모든 저항을 피해 도망치는 것이 훨씬 쉽기 때문에 심지어 아그립바 왕을 찾아가지도 않았을 것이다.

예레미야는 순종함으로 하늘의 비전을 좇은 결과 수많은 언어적 정신적 핍박을 받은 사람의 또 다른 예다. 하루는 그가 너무 지쳐 약간 불평을 하기 시작했다. "악한 자의 길이 형통하며 반역한 자가 다 평안함은 무슨 까닭이니이까?"(렘 12:1)

하나님은 그의 어리광을 받아주시지 않고 이렇게 말씀하셨다. "만일 네가 보행자와 함께 달려도 피곤하면 어찌 능히 말과 경주하겠느냐"(렘 12:5). 다시 말해 "예레미야야, 사탄의 보병조차 제대로 상대하지 못한다면 사탄의 기병대를 맞닥뜨리면 어쩌려고 그러느냐?"이다.

큰 전투 없이는 큰 승리를 거둘 수 없다는 사실을 기억해야만 한다. 예레미야의 상황은 더 나빠지기만 했다. 말로 핍박을 당하는 것을 넘어 감옥에 던져졌고, 나중에는 지하 감옥에 갇혀 죽을 날만 기다리는 신세로 전락했다. 하지만 하나님은 결국 그를 모든 고난과 핍박으로부터 구해 주셨다.

오늘날 그리스도의 몸 안에 있는 신자들이 받는 공격은 대개 바울과 같은 육체적 핍박이 아닌 정신적 공격이다. 하지만 공격의 양상이 변하면 어떻게 할 것인가? 우리는 현재 받는 고난을 통해 장차 닥칠 더 큰 전투를 감당할 수 있을 만큼 강해져야 한다.

광야는 미래의 전투를 위한 신병훈련소다. 우리가 전쟁에 나갈 준비를 시키기 위해 병사들을 신병훈련소로 보내는 것처럼 하나님도 그분 나라의 건설에서 역할을 맡기기 위해 믿음의 병사들을 광야로 보내 준비시키신다. 신병훈련소에서 병사들이 극복해야 할 가장 큰 장애물에는 두려움, 약함, 낙심이 있다. 마찬가지로, 우리가 광야에서 싸워야 할 가장 치열한 전투도 영적 전투이다.

우리가 치러야 할 가장 큰 전투 가운데 하나는 '낙심'과의 전투다. 하루는 기도하던 중에 하나님이 내게 '용기'의 반대가 무엇이냐고 물으셨다. 나는 당연히 "두려움입니다"라고 대답했다.

그러자 하나님이 조용히 속삭이셨다. "아니다. 그것은 바로 낙심이다." 낙심을 그렇게 생각해 본 적은 한 번도 없었다. 성경에서 여호수아가 "강하고 담대하라"라는 음성을 들은 기록이 여덟 번이나 나타나는 '이유'를 알게 되었다(민 13:20; 신 31:6, 7, 23; 수 1:6, 7, 9, 18). 하나님은 여호수아의 상황에서 가장 어려운 일 가운데 하나가 담대해지는 것이라는 점을 잘 아셨다. 광야나 전쟁터에서 하나님과 우리의 사명이 아닌 우리 자신을 바라보면 낙심이 고개를 쳐든다.

사탄의 목적은 우리로 하여금 자신에게 시선을 고정하게 만드는 것이다. 사탄은 광야에서 예수님께도 그런 시도를 했다. 예수님이 40일간의 금식으로 극심한 굶주림에 시달리고 계실 때 사탄이 찾아와 유혹했다. "네가 만일 하나님의 아들이어든 명하여 이 돌들로 떡덩이가 되게 하라"(마 4:1-11).

이는 하나님의 뜻에서 벗어난 방법으로 육신이 원하는 것을 얻는 데 하나님의 힘을 사용하게 만들려는 시도였다. 하나님이 선물을 주실 때는 그것을 오용하지 않고 하나님의 뜻대로 관리할 엄숙한 책임이 따른다는 점을 기억해야 한다. 하나님은 예수님의 필요를 채워주시되 어디까지나 그분의 방식을 사용하고자 하셨다. 실제로, 사탄이 물러가자 천사들이 내려와 예수님의 수종을 들었다.

예수님이 자신의 사역에 관해 뭐라고 말씀하셨는지 다시 보자.

> 내가 진실로 진실로 너희에게 이르노니 아들이 아버지께서 하시는 일을 보지 않고는 아무것도 스스로 할 수 없나니 아버지께서 행하시는 그것을 아들도 그와 같이 행하느니라(요 5:19).

"보다"라는 단어에 주목하라. 예수님은 하나님의 뜻에서 벗어난 일은 일체 하시지 않았다.

메마른 시기에 우리가 빠지기 쉬운 함정 중 하나는 하나님의 뜻을 기다리지 않고 우리 뜻대로 행하는 것이다. 하나님의 타이밍이 오기 전에 하나님의 힘을 사용하여 뭔가를 이루려는 것이 바로 이런 경우다. 전쟁터에서 상관의 명령에 따라 싸우지 않는 병사가 상상이 가는가? 그렇게 되면 병사 자신만이 아니라 그와 함께 싸우는 모든 전우가 심각한 타격을 입을 수 있다. 그래서 병사는 어리석은 행동으로 자신과 남들을 위험에 빠뜨리지 않도록 명령에 절대 복종하는 훈련을 받는다.

하나님이 주신 비전을 잊어버리지 않는 것이 중요하다. 이 비전을 잊어버리면 당장 뭔가를 하지 않으면 모든 것이 물거품이 될 것만 같은 조바심에 빠질 수 있다. 하나님이 아무런 말씀을 하시지 않는 것처럼 보이지 않는다고 해서 정말로 아무런 말씀을 하시지 않는 것은 아니다. 하나님은 여러 방법으로 우리에게 깊이 관여하고 계신다. 이 경우, 하나님이 주시는 메시지는 "지금 뭔가를 할 필요가 없다"라는 것이다. 이런 상황에서 우리는 일을 억지로 이루려고 하지 말고 하나님을 '기다려야' 한다.

> 너는 여호와를 기다릴지어다 강하고 담대하며 여호와를 기다릴지어다(시 27:14).

하나님이 아닌 눈앞의 문제를 바라보면 낙심과 무거움이 밀려올 수밖에 없다. "환난의 경한 것"에 한눈을 팔지 말고 환난 중에 우리에게 이루어지고 있는 지극히 크고 영원한 영광의 중한 것에 시선을 단단히 고정해야 한다(고후 4:17).

이것이 우리 앞에 있는 기쁨이며, 우리는 이 기쁨에 시선이 사로잡혀야 한다.

우리 앞에 있는 기쁨

> 내 형제들아 너희가 여러 가지 시험을 당하거든 온전히 기쁘게 여기라 이는 너희 믿음의 시련이 인내를 만들어 내는 줄 너희가 앎이라 인내를 온전히 이루라 이는 너희로 온전하고 구비하여 조금도 부족함이 없게 하려 함이라(약 1:2-4).

기쁨은 우리에게 환란과 시련을 견딜 영적 힘을 준다. 위의 구절에서 "온전히 기쁘게 여기라"라는 대목에 주목하라. 이 말은 '모든 것'을 기쁨으로 여기라는 뜻이다. 일부는 기쁨으로 여기고 일부는 슬픔으로 여기라는 뜻이 아니다. 우리의 마음속에 기쁨과 슬픔이 섞여 있어서는 안 된다. 99개의 기쁨 고리로 되어 있고 슬픔 고리가 딱 하나만 섞여 있는 사슬이 있다고 해 보자. 이렇게 되면 전체 사슬은 이

고리 하나와 똑같이 약해진다. 우리가 주어진 상황에서 필요한 힘을 얻으려면 우리 마음의 모든 부분이 기쁨으로 이루어져야 한다. 슬픔은 단 한 점도 없어야 한다.

일이 순조롭게 풀릴 때는 "온전히 기쁘게 여기라"라는 말씀을 따르기가 쉽다. 하지만 이 구절은 그런 뜻이 아니다. 모든 것을 기쁘게 여겨야 할 때는 바로 시험과 핍박, 고난, 역경, 광야의 때다. 하나님이 이런 말씀을 하신 것은 "여호와로 인하여 기뻐하는 것이 너희의 힘"이기 때문이다(느 8:10).

아내와 아들들, 며느리들, 손자들까지 가족은 내게 기쁨을 준다. 집에서 멀리 떨어져 있을 때면 가끔 가족들의 사진을 꺼내서 본다. 그러면 여지없이 기쁨이 솟아난다. 그리고 그 기쁨과 함께 힘이 솟는다.

느헤미야는 백성들에게 바로 이렇게 하라고 말한 것이다. 당시 이스라엘 백성들은 힘든 시절을 지나고 있었다. 그래서 느헤미야는 이렇게 촉구했다. "이 역경으로 인해 슬퍼하지 말고 오직 하나님을 바라보라. 하나님께 가까이 가면 마음에 기쁨이 충만해지고 힘이 솟을 것이다."

찬양은 우리에게서 시선을 떼어 하나님을 바라보게 만드는 효과가 있다. 시험의 한복판에서는 눈앞의 거대한 문제로 인해 하나님의 능력을 보지 못하기 쉽다. 다윗은 시편의 대부분을 시련의 한복판에서 썼다. 그 시편들을 보면 그가 하나님을 찬양한 덕분에 극심한 풍파 한가운데서도 힘을 잃지 않았음을 확인할 수 있다.

이사야 61장 3절은 하나님이 우리를 위해 “기쁨의 기름으로 그 슬픔을 대신하며 찬송의 옷으로 그 근심을 대신하시고”라고 말한다.

이 구절이 내게 큰 힘을 주었던 극도로 메말랐던 시절이 기억난다. 집에 홀로 있는데 천근만근과 같은 무게가 나를 짓눌렀다. 성경책을 펴도 도무지 눈에 들어오지 않았다. 그래서 기도를 시작했더니 기도는 더더욱 되질 않았다. 그때 마음속에서 성령의 음성이 느껴졌다. “찬양을 들으라.” 그래서 오디오 시스템이 있는 방으로 가서 찬양을 틀고 따라 부르기 시작했다. 그래도 흥이 나질 않아서 아예 하나님 앞에서 춤을 추기 시작했다. 하지만 마음이 너무 무거워서 마치 늪 속에서 춤을 추는 것처럼 힘들었다.

찬양 메들리가 끝나자 다시 틀어야 할 것만 같은 생각이 들었다. 두 번째 시도에서는 내 목소리가 귀에 들리기 시작했다. 갑자기, 내 마음속에서 보좌에 앉으신 예수님의 모습이 보였다. 그리고 그분의 크신 사랑이 느껴졌다. 그와 동시에 내 영혼에 기쁨이 돌아와, 나는 격렬하게 춤을 추기 시작했다. 끊임없이 나 자신을 향해 있던 눈이 이제 완전히 예수님의 위대하심으로 향해 있었다. 이후 30분 동안 나는 거의 미친 사람처럼 찬양하고 춤을 추며 온 집안을 돌아다녔다. 무거움은 저 멀리 날아가 버리고, 30분 전만 해도 흔적조차 없던 생명과 힘이 내 안에서 마구 흘러넘쳤다.

찬양을 하는 사이에 내 초점은 하나님께로 돌아갔다. 나는 이사야가 말한, “기쁨으로 구원의 우물들에서 물을” 마시는 경험을 했다(사 12:3). 그리고 하나님의 기쁨을 통해 구원의 우물들에서 힘을 길어 올리기 시작했다.

찬양은 우리를 둘러싼 상황이 아닌 우리 앞에 있는 기쁨에 시선을 고정하게 도와준다.

> 이러므로 우리에게 구름 같이 둘러싼 허다한 증인들이 있으니 모든 무거운 것과 얽매이기 쉬운 죄를 벗어버리고 인내로써 우리 앞에 당한 경주를 하며 믿음의 주요 또 온전하게 하시는 이인 예수를 바라보자 그는 그 앞에 있는 기쁨을 위하여 십자가를 참으사 부끄러움을 개의치 아니하시더니 하나님 보좌 우편에 앉으셨느니라 너희가 피곤하여 낙심하지 않기 위하여 죄인들이 이같이 자기에게 거역한 일을 참으신 이를 생각하라 너희가 죄와 싸우되 아직 피 흘리기까지는 대항하지 아니하고(히 12:1-4).

예수님은 앞에 있는 기쁨에 시선을 고정함으로써 전무후무한 엄청난 시련을 견뎌내셨다. 그 기쁨은 물론 십자가 처형 뒤에 나타날 부활이었다. 그것은 순종의 고난 이후에 찾아오고, 당신과 나를 포함한 수많은 사람을 그분의 나라로 이끌 영광이었다.

예수님의 발자취를 따르는 우리도 그런 영광을 맞이하게 된다. 자신을 부인하고 육신을 십자가에 못 박은 뒤에는 '부활의 삶'이 찾아온다. 육신의 고난 이후에는 예수님과 더 가까워지게 만드는 영적 성숙이 찾아온다. 광야의 고난 이후에는 큰 영광이 찾아온다. 바울은 이렇게 말했다. "생각하건대 현재의 고난은 장차 우리에게 나타날 영광과 비교할 수 없도다"(롬 8:18).

예수님이 재림하시기 전에 하나님의 영광이 교회 안에서 나타날 것이다. 그 영광은 너무도 커서 수많은 도시와 나라가 구원을 받게 될 것이다. 정결해진 그리스도의 제자들 가운데 나타날 하나님의 능력은 그야말로 전무후무한 수준이 될 것이다. 엄청난 추수로 이어질 성령의 부어짐은 인간의 촉발을 필요로 하지 않을 것이다. 그것은 전적으로 하나님의 능력과 영광으로 촉발될 것이다!

> 사랑하는 자들아 너희를 연단하려고 오는 불 시험을 이상한 일 당하는 것 같이 이상히 여기지 말고 오히려 너희가 그리스도의 고난에 참여하는 것으로 즐거워하라 이는 그의 영광을 나타내실 때에 너희로 즐거워하고 기뻐하게 하려 함이라(벧전 4:12-13).

자, 우리 앞에 있는 기쁨은 무엇인가? 그것은 그리스도께 순종한 결과로 고난을 겪은 성도들 가운데 나타나는 하나님의 영광이다. 고난이 클수록 기쁨도 크다. 그것은 저항이 클수록 영광도 클 줄 알기 때문이다!

광야에 거하고 있어도 ——— 시선은 영광을 향하라

저항이 닥쳐도 하나님을 추구하는 것을 멈추지 말라. 하나님은 반드시 당신을 힘든 상황 속으로 이끄실 것이다. 그것은 전쟁이 클수록 하나님 나라와 당신이 거둘 승리가 크기 때문이다. 그 치열한 전쟁의 한복판에서 다음의 약속을 늘 기억하길 바란다.

> 하나님은 미쁘사 너희가 감당하지 못할 시험 당함을 허락하지 아니하시고 시험 당할 즈음에 또한 피할 길을 내사 너희로 능히 감당하게 하시느니라(고전 10:13).

어떤 시험이 닥치든 당신은 그것을 성공과 영광 가운데 극복할 힘이 있다. 당신이 극복하지 못할 시험이라면 애초에 당신에게 찾아오지 않는다. 하나님은 그런 시험을 허락하시지 않는다.

자신의 삶을 '사랑하면' 험한 땅에서 길을 멈추고 만다. 추구를 멈추고 열매 없는 삶에 안주하게 된다.

요한계시록 12장 11절은 이렇게 말한다. "또 우리 형제들이 어린 양의 피와 자기들이 증언하는 말씀으로써 그를 이겼으니 그들은 죽기까지 자기들의 생명을 아끼지 아니하였도다."

하나님 뜻보다 자신을 더 생각하는 사람들은 자신의 삶을 사랑하는 자들이다. 하지만 예수님은 이렇게 말씀하셨다. "누구든지 제 목숨을 구원하고자 하면 잃을 것이요 누구든지 나를 위하여 제 목숨을 잃으면 찾으리라"(마 16:25).

다가올 고난을 이겨 낼 유일한 길은 자신의 목숨을 잃는 것이다. "마침내 위에서부터 영을 우리에게 부어 주시리니 광야가 아름다운 밭이 되며 아름다운 밭을 숲으로 여기게 되리라"(사 32:15). 이날이 올 때까지 꿋꿋이 나아가기를 강권한다.

광야는 무기를 내려놓고 포기해야 할 곳이 아니다. 광야는 강하고 담대하게 하나님의 뜻을 행해야 할 곳이다. 광야는 우리 자신을 하나님 앞에 내려놓고 사탄의 유혹을 단호하게 거부해야 할 것이다.

지금 광야에 있는가? 그렇다면 그것은 하나님이 당신의 마음속에 무엇이 있는지 드러내기 위해 당신을 이곳으로 인도하신 것이다. 내가 사탄의 유혹이라고 생각했던 것이 나중에 알고 보니 그리스도 앞에 내려놓아야 할 나의 숨겨진 문제점이었던 경우가 많았다.

다음과 같은 말씀을 떠올리며 계속해서 하늘의 상을 좇으라.

> 항상 우리를 그리스도 안에서 이기게 하시는 하나님께 감사하노라(고후 2:14).

> 누가 우리를 그리스도의 사랑에서 끊으리요 환난이나 곤고나 박해나 기근이나 적신이나 위험이나 칼이랴 … 그러나 이 모든 일에 우리를 사랑하시는 이로 말미암아 우리가 넉넉히 이기느니라(롬 8:35, 37).

> 우리 주 예수 그리스도로 말미암아 우리에게 승리를 주시는 하나님께 감사하노니(고전 15:57).

하나님을 찾는 일을 멈추지 말라. 포기하지 말라. 어떤 상황이 닥치더라도 하나님이 주신 비전을 향해 계속해서 전진하라.

구덩이에 던져졌을 때, 그리고 나중에는 머나먼 타지에서 지하 감옥에 갇혔을 때 요셉의 상황은 철저히 절망적으로 보였다. 그의 삶은 끝난 것처럼 보였다. 아무런 미래도 없어 보였다. 하지만 명심하라. "사람으로는 할 수 없으되 하나님으로는 그렇지 아니하니 하나님으로서는 다 하실 수 있느니라"(막 10:27). 상황이 아무리 힘들어져도 "믿는 자에게는 능히 하지 못할 일이 없느니라"라는 말씀을 늘 기억하라(막 9:23).

앞에 있는 기쁨 곧, 당신을 통해 나타날 하나님의 영광에 시선을 고정하라. 그러면 눈앞의 시련을 이겨 낼 힘이 솟아날 것이다. 계속해서 전심으로 하나님을 찾고, 하나님이 말씀을 통해 성령으로 주신 비전을 끝까지 믿으라. 그러면 광야에서 반드시 승리를 거두리라.

> 능히 너희를 보호하사 거침이 없게 하시고 너희로 그 영광 앞에 흠이 없이 기쁨으로 서게 하실 이 곧 우리 구주 홀로 하나이신 하나님께 우리 주 예수 그리스도로 말미암아 영광과 위엄과 권력과 권세가 영원 전부터 이제와 영원토록 있을지어다 아멘(유 1:24-25).

Survival TIP

광야에서 살아남기 위한 생존 팁 12

광야의 경험을 세세히 기록하라

이 글을 쓰는 지금, 나는 50대의 마지막 한 해를 보내고 있다. 어떻게 지금까지 올 수 있었는가? 돌아보면, 광야에서의 시간들이야말로 내 인생에서 가장 큰 성장이 나타난 시간들이었다. 물론 당시에는 전진이 아니라 후퇴하고 있는 것처럼 느껴졌지만 말이다. 이것이 옛 성도 욥이 이렇게 말한 이유다. "내가 가는 길을 그가 아시나니 그가 나를 단련하신 후에는 내가 순금 같이 되어 나오리라"(욥 23:10).

내가 쓴 책들의 내용 중 90퍼센트는 풍성한 시기가 아니라 광야의 메마른 시기에 배운 것들이다. 그래서 당신에게 광야에서 필기를 열심히 할 것을 강권하고 싶다. 당신이 이런 시기에 배운 것들이 남들에게 큰 도움이 될 것이다. 그리고 혹시 아는가? 당신의 경험담이 언젠가 책으로 나올지.

지금 당신에 관한 예언을 하고 싶다. 지금부터 내가 하는 말을 잘 들어보라. "하나님이 그분의 타이밍에 당신의 삶 속에서 수많은 사람들의 인생에 큰 영향을 미칠 놀라운 역사를 행하실 것이다. 단, 조건이 있다. 당신의 광야에 대한 하나님의 목적을 잘 알고 행해야 한다. 그러면 당신을 통해 많은 사람이 영향을 받고, 당신은 순종의 열매를 보며 영원토록 기뻐하게 될 것이다. 광야의 시험을 통해 당신은 정금 같이 강하고 진실해져서 나오게 되리라."

부 록1

Q 토론을 위한 질문들

1장

1. 하나님의 임재는 무엇인가?

2. 지금 내가 어떤 시기에 있는지, 광야에 있는지를 분간하는 것이 왜 그토록 중요한가?

3. 사탄이 나로 하여금 고의적인 죄를 짓거나 믿음을 버리게 만들기 위해 광야를 이용하는 이유는 무엇인가?

4. 하나님이 광야의 시간이 길어지도록 허락하시는 이유는 무엇인가?

2-3장

1. 광야의 목적은 무엇인가?

2. 왜 광야에서의 순종이 영적 성장을 낳는다고 생각하는가?

3. 광야는 자기 발견의 시간이다. 광야에서 당신 자신과 신앙 상태에 관한 무엇을 발견했는가?

4. 광야의 시기에 어떻게 하나님 안에서 힘을 얻었는가?

4장

1. 약속이 성취되는 것은 언제나 어느 정도 시간이 걸리는 과정이다. 이 과정이 왜 중요하다고 생각하는가?

2. 내 삶 속에서 하나님의 약속이 어떤 식으로 이루어졌는가?

3. 하나님이 왜 약속을 주고 나서 한참 뒤에 이루어 주신다고 생각하는가?

4. 내 삶을 향한 하나님의 약속을 붙잡는 것이 중요한 이유는 무엇인가?

5-6장

1. 사울과 다윗의 비교가 광야를 통한 하나님이 주신 연단의 중요성을 이해하는 데 어떤 도움이 되는가?

2. 금을 정련하면 더 유연해진다. 하나님의 정련도 우리를 그분에 대해 더 부드럽게 만들어 준다. 하나님에 대해 더 부드러워지는 것이 무슨 의미인지 설명해 보라.

3. 하나님의 정련 과정에서 숨은 죄나 약점이 드러날 때 우리의 반응은 어떠해야 하는가?

4. 정련 과정을 거치면 어떻게 해서 예수님을 더 분명하게 드러낼 수 있게 되는가?

7장

1. 왜 하나님은 불평을 미워하시는가? 현재 어떤 불평을 하고 있는가?

2. 말라기의 불평꾼들과 예레미야의 불평은 어떻게 달랐는가? 왜 하나님은 말라기의 불평꾼들에게는 화를 내신 반면, 예레미야의 불평에는 응답하셨는가?

3. 여기서 심판은 정죄가 아니라 결정을 의미한다. 하나님의 집에서 심판이 시작되면 하나님은 누가 그분을 섬길 자격이 있는지 결정하신다. 하나님이 결정을 하실 때 무엇을 보신다고 생각하는가?

4. 하나님은 섬김에 적합한 그릇을 찾고 계신다. 부름을 받는 것과 선택을 받는 것의 차이를 어떻게 설명하겠는가?

8장

1. 고난이 선물이라는 말을 듣고서 처음 보인 반응은 무엇인가? 이 장이 끝나고 나서 시각이 어떻게 변했는가?

2. 하나님은 내가 감당할 수 있는 수준 이상의 시험을 허락하시지 않는다. 이 사실이 어떤 격려가 되는가?

3. 하나님은 나를 현재 수준에 머물도록 두시지 않는다. 이것이 내 삶을 향한 하나님의 계획에 관해 무엇을 가르쳐 주는가?

4. 하나님은 내가 미래에 마주칠 시련을 훈련하시기 위해 오늘의 시련을 허락하신다. 하나님이 현재의 시련을 이해할 수 있도록 나의 미래에 관해 말씀해 주신 것은 무엇인가?

9장

1. 하나님을 따르는 것이 항상 옳아 보이지 않을 수도 있다. 왜 하나님을 신뢰하기 어려운가?

2. 하나님이 나의 시간표대로 역사하시지 않을 때 어떤 기분이 드는가? 하나님의 약속이 지연되는 것처럼 보일 때 어떤 압박과 시험을 경험하게 되는가?

3. 영적 근육을 키워야 하는 이유는 무엇인가? 어떻게 영적 근육을 키울 수 있는가?

4. 하나님의 길로 걸을 때 무엇이 나에게 확신을 주는가?

10장

1. 광야는 하나님이 자신을 나타내시는 곳이다. 그런데 왜 하나님은 이 시기에 멀게 느껴지기도 하는 것일까?

2. 하나님이 주시는 복들이 아니라 하나님을 먼저 추구하는 것은 구체적으로 무엇을 의미하는가?

3. 약속이나 소명을 하나님보다 더 중요하게 여기는 것이 왜 위험한가?

4. 하나님이 성경 속 위인들에게 자신을 나타내신 사례들을 볼 때, 광야에서 무엇을 받기를 기대할 수 있는가?

11장

1. 영적으로 메마른 시기에 어디서 위로를 찾을지 신중하게 선택하는 것이 중요한 이유는 무엇인가?

2. 억지로라도 기도하고 성경을 읽는 것이 어떻게 나의 영적 뿌리를 강화시켜 주는가?

3. 추수가 이루어지기 직전에 가장 큰 공격이 온다는 사실을 알면 어떤 면에서 격려가 되는가?

4. 하나님의 신실하심을 묵상할 때 광야를 대하는 나의 태도는 어떻게 달라지는가?

12장

1. 광야가 변화를 준비하는 데 어떤 도움이 되었는가?

2. 변화가 힘든 이유는 무엇인가? 내가 변화에 적응하는 데 가장 큰 걸림돌은 무엇인가?

3. 가죽 부대를 새롭게 하는 과정에 관한 이야기에서 무엇이 특히 마음에 와 닿았는가?

4. 새 것을 잡으려면 옛 것을 쥔 손을 풀어야 한다. 당신이 새 것을 붙잡기 위해 놓아야 할 것들은 무엇인가?

부 록 2

하나님을 모른채
인생 광야를 헤매는
이들을 위한 복음

모두에게 열려 있는 구원

> 네가 만일 네 입으로 예수를 주로 시인하며 또 하나님께서 그를 죽은 자 가운데서 살리신 것을 네 마음에 믿으면 구원을 받으리라 사람이 마음으로 믿어 의에 이르고 입으로 시인하여 구원에 이르느니라
> - 로마서 10장 9-10절

하나님은 당신이 온전한 삶을 살기를 원하신다. 하나님은 당신과 당신을 위해 세우신 계획에 대해 열정을 품고 계신다. 그런데 당신의 운명으로 가는 여행을 시작할 길은 단 하나다. 그것은 하나님 아들이신 예수 그리스도를 통해 구원을 받는 것이다.

하나님은 예수님의 죽음과 부활을 통해 당신이 사랑하는 아들이나 딸로 그분의 나라에 들어 올 길을 마련하셨다. 예수님의 십자가 희생 덕분에 당신은 영원하고도 풍성한 삶을 값없이 얻을 수 있게 되었다. 구원은 당신에게 주시는 하나님의 선물이다. 그것은 당신의 노

력이나 자격으로는 결코 얻을 수 없는 선물이다.

이 귀한 선물을 받기 위해서는 먼저 창조주를 떠나서 살았던 죄를 인정해야 한다. 그것이 당신이 지금까지 저지른 모든 죄의 뿌리다. 이런 회개는 구원을 받기 위해 꼭 필요한 과정이다. 사도행전에서 베드로는 5천 명이 구원을 받던 날 이 점을 분명히 선포했다. "너희가 회개하고 돌이켜 너희 죄 없이 함을 받으라"(행 3:19).

성경은 우리 모두가 죄의 노예로 태어난다고 말한다. 이 노예 상태는 고의적인 불순종의 패턴을 처음 시작한 아담의 죄에서 기원한다. 회개는 자신과 거짓의 아비 사탄에 대한 순종을 떠나 우리에게 자신의 목숨을 내어주신 새 주인 예수 그리스도께 순종하겠다는 결단이다.

예수 그리스도를 생명의 주인으로 모셔야 한다. 생명(영과 혼, 육) 곧 당신의 존재 전체와 모든 소유물의 소유권을 그분께 드려야 한다. 당신의 삶에 대한 그분의 권위가 절대적이 되게 해야 한다. 그렇게 하는 순간, 하나님은 당신을 어두움에서 빼내 그분 나라의 빛과 영광 가운데로 옮겨주신다. 쉽게 말해, 죽음에서 생명으로 이동한다. 그분의 자녀가 된다!

예수님을 통해 구원을 받기를 원한다면 다음과 같이 기도를 드리라.

> 하늘에 계신 하나님, 제가 당신의 의로운 기준에 미치지 못하는 죄인임을 인정합니다. 저는 죄로 인해 영원한 형벌을 받아 마땅

합니다. 하지만 저를 이런 상태로 두지 않으시니 감사합니다. 당신이 동정녀 마리아를 통해 독생자 예수 그리스도를 보내시고 제 죄를 위해 십자가 위에서 죽으셨음을 믿습니다. 그리고 그분이 사흘 만에 부활하셔서 지금은 제 주님이요 구세주로 당신의 오른편에 앉아 계신다고 믿습니다. 그래서 오늘, 당신을 떠나서 살아왔던 삶을 회개하고 제 삶을 온전히 예수님께 바칩니다.

예수님, 당신을 제 주님이요 구세주로 고백합니다. 당신의 영을 통해 제 삶 속으로 오셔서 저를 하나님의 자녀로 변화시켜 주십시오. 제가 한때 굳게 부여잡았던 어두움의 것들을 내려놓고, 오늘부터 더 이상 제 자신을 위해서 살지 않겠습니다. 이제부터, 제가 영원히 살도록 목숨을 내어 주신 당신을 위해 살겠습니다.

주님, 감사합니다. 이제 제 삶은 온전히 당신의 손 안에 있습니다. 당신의 말씀대로 제가 영원히 수치를 당하지 않을 줄 믿습니다. 예수님의 이름으로 기도드립니다. 아멘.

하나님 가족이 된 것을 환영한다! 이 기쁜 소식을 다른 이들에게 알리기를 바란다. 아울러 성경적인 교회에 등록하여 신앙 성장을 도와줄 성도들과 교제하기를 바란다. 이제 당신은 세상에서 가장 놀라운 여행을 막 시작했다. 계시와 은혜, 하나님과의 교제에서 매일 자라나기를 간절히 소망한다!